GUIDE

DES

PEINTRES EN BATIMENT

GUIDE

DES

PEINTRES EN BATIMENT

ET DÉCORS

faisant suite à

L'ALBUM DES PEINTRES-DÉCORATEURS

PAR

M. HAPPART Fils

———

Publié par E. LANDUREAU, éditeur

———

PARIS

4, rue de l'Échiquier, 4

—

1867

INTRODUCTION

Avant de publier *Le Guide des Peintres en bâtiment*, l'éditeur a cru devoir s'entourer d'artistes spéciaux ayant une connaissance approfondie et pratique de cette partie, afin de pouvoir donner les renseignements les plus précis pour l'exécution des travaux si importants et si variés qui se rapportent à la reproduction exacte de tous les modèles contenus dans l'*Album des Peintres décorateurs*.

Notre *Guide* s'adressant aux travailleurs, c'est auprès des artistes travailleurs les plus capables que nous avons puisé nos renseignements, après les avoir vus à l'œuvre et avoir reconnu la supériorité d'exécution avec laquelle ils reproduisaient tous les sujets de notre recueil. C'est donc avec leur concours intelligent et sous leurs auspices que nous publions ce petit livre dans lequel, malgré son prix peu élevé, on trouvera les détails les plus complets, les plus nets, les plus précis, expliqués de la manière la plus simple et la plus facile à comprendre.

Nous n'avons pas négligé les questions d'ordre et d'économie qui ont leur côté intéressant.

Beaucoup d'ouvrages traitant des mêmes sujets ont été publiés jusqu'à ce jour, mais la plupart sont trop compliqués. Les uns abordent des questions qui sont tout à fait en dehors de la main-d'œuvre de l'ouvrier ; les autres traitent plutôt de la science que de l'exécution ; ceux-ci donnent des renseignements incomplets, ceux-là, peu au courant sans doute des progrès de la peinture décorative, en sont encore à de vieux procédés abandonnés et remplacés depuis longtemps. En somme, aucun de ces ouvrages n'est vraiment pratique.

Nous sommes persuadé qu'aucun de ces reproches ne peut être appliqué au nouveau *Guide*. Tous les procédés qu'il indique sont décrits d'une manière si claire et si nette qu'il n'y a pas un artiste ayant un peu le goût de sa profession qui ne puisse parfaitement reproduire les dessins, ce qui lui permettra d'entreprendre, sans la moindre hésitation, tous les travaux se rattachant à la peinture décorative, avec la certitude de ne pas rester au-dessous de sa mission.

Aujourd'hui que la peinture murale est si généralisée, notre petit livre répond à un besoin réel, car il contient à peu près soixante leçons bien complètes sur l'exécution des divers bois, marbres, décors et lettres. Il n'y a pas d'entrepreneurs de peinture ni de maître peintre qui n'y trouve des détails d'un grand intérêt.

Le Guide des Peintres en Bâtiment se divise en quatre parties : les Marbres ; — les Bois ; — les Décors ; — les Lettres.

Pour complément, nous avons cru devoir ajouter un tableau indiquant tous les genres de marbres, de bois, de décors et de lettres contenus dans nos albums, le *Guide* traitant spécialement et exclusivement du peintre en bâtiment et ne donnant que des enseignements pratiques à son usage.

Nous indiquons aussi les prix et conditions de nos envois, — Albums, gravures ou lettres, — par un nouveau mode d'expédition qui permet à l'objet expédié d'arriver à destination sans la moindre avarie.

Enfin, dans l'intérêt de nos lecteurs, nous donnons, à la fin de l'ouvrage, une liste générale des marchandises et outils nécessaires à MM. les peintres décorateurs en bâtiment et vitriers, dans leur profession, nous mettant à leur disposition pour leur être agréable, surtout pour ceux qui sont éloignés des grandes villes ; leurs commandes ne resteront jamais en souffrance ; on répondra de suite, soit par l'envoi, soit par lettres de renseignements.

L'Éditeur : P. LANDUREAU.

———

Le dépôt de cet ouvrage ayant été fait conformément à la loi, tout contrefacteur sera poursuivi.

———

GUIDE

DES

PEINTRES EN BATIMENT

Marbre agathe.

Le marbre agathe exige, à cause de sa transparence, de très-grands soins pour les fonds.

On devra donc enduire, si l'on veut obtenir un beau résultat et rendre parfaitement lisses les parties qui doivent recevoir cette décoration, sans que l'on puisse voir aucunes reprises du passage de l'instrument qui aura servi à cette opération. On fera un fond blanc, presque détrempé à l'essence, pour éviter de faire jaunir. Ce marbre devant être d'une grande fraîcheur, on pourra, pour ne pas faire un fond trop maigre, mettre un peu d'huile blanche, mais jamais d'huile grasse, qui a ses qualités et son utilité, mais qui est nuisible dans la décoration, ce liquide pouvant faire jaunir, faïencer ou clocher ; servez-vous de litharge infusée dans de l'essence, ou bien de zumatique ; mais n'oubliez pas que toute espèce de siccatif doit s'employer avec une grande sobriété, et qu'il faut proportionner son emploi à la quantité de teinte dont on se servira.

Ce marbre doit être fait dans la pâte, c'est-à-dire

1

dans un glacis, pour rendre le travail de l'ébauche plus facile, et ce glacis doit être quelque peu rosé. En conséquence, on mettra dans le blanc que l'on aura détrempé, une pointe de vermillon ; il faut que ce glacis soit moelleux, souple au travail ; on pourra y mettre un peu d'huile blanche, car si l'on ne mettait que de l'essence seule, le glacis s'enterrerait et serait trop raide ; quand on aura glacé la partie que l'on veut ébaucher, on chargera sur la palette de la manière suivante : on aura d'abord du blanc de céruse que l'on aura détrempé avec un peu d'essence et le couteau à palette, mais de manière à ce qu'il soit toujours en pâte ; cette précaution a pour but de le rendre moins ferme et plus facile à employer ; on aura ensuite une teinte violette assez vigoureuse, composée de blanc de céruse, de laque rose et d'une pointe de bleu de Prusse ; mais il faut que cette teinte soit plutôt rosée que trop violette ; une autre un peu moins foncée et un peu plus rosée, toujours par le même mélange de couleurs ; une teinte composée d'ocre jaune, de jaune de chrome et d'une pointe de vermillon.

Ne craignez pas de faire l'ébauche un peu vigoureuse, car ce marbre se finissant avec du blanc seul, comme il va être expliqué, doit être très-transparent et offrir des parties cristallisées. Il est bien entendu que l'on devra faire des parties plus accentuées comme ton, comme travail, et former des oppositions et des repos. On commencera, par exemple, par la partie veinée du bas du panneau qui est plus accentuée; on prendra une brosse d'un pouce et de la teinte plus foncée; on dessinera avec cette brosse les veines de cette partie, en rendant le plus exactement que l'on pourra les caprices des veines arrondies de cette masse et en lui donnant le plus de grâce possible; une veine doit garder dans tous ses contours le même ton, de manière à ce que l'on puisse la suivre, la lire.

Ne craignez pas d'en faire une assez forte que vous accompagnerez de deux ou trois plus fines avec une brosse quart de pouce. Elles doivent accompagner la veine plus large dans presque tout son parcours, en ménageant le fond entre chacune; continuez ensuite les masses veinées en dessus et en dessous, sans rien changer au ton ni au genre de travail. Vous remarquerez, presque en haut du panneau, une partie qui n'est que teintée du ton violet le plus clair; vous pouvez voir aussi que chaque masse tranquille est accompagnée d'une teinte vigoureuse. Nous le répétons, l'ébauche doit être accentuée, pour éviter de faire sec.

Ce travail devant être reglacé entièrement, il est important qu'il soit parfaitement sec.

On doit avoir du blanc de zinc détrempé sur la palette avec un peu d'essence, comme nous avons dit plus haut pour le blanc de céruse. Il serait convenable, et nous le conseillons, que ce blanc fût broyé à l'huile blanche, pour que le marbre pût conserver plus longtemps sa fraîcheur.

Ayez un pinceau à chiqueter, assez long de poils, et de moyenne grosseur pour le manier plus facilement; prenez du blanc avec l'essence contenue dans le godet à palette. Ce blanc doit être employé très-liquide, il ne doit pas éteindre le travail, mais seulement glacer et cristalliser. Passez le pinceau à chiqueter en veinant et en épousant la forme de certaines veines de l'ébauche; dans d'autres, passez-le en travers du travail et employez votre couleur plus ou moins compacte, de manière à former des oppositions. Chaque masse, ou partie de veine, doit se lire, se comprendre, et dans sa forme et dans son ton. Avec une petite brosse plate, c'est-à-dire moyenne, vous formerez des veines plus marquées, quelques-unes en spaltées par endroits; faites aussi quelques parties cristallisées, commé il est indiqué au bas du panneau, de même que sur la partie de repos du haut du panneau.

Nous le répétons, ce marbre devant être très-frais et très-transparent, il faut bien raisonner l'arrangement des veines ou masses, de manière à en rendre la forme et le ton gracieux à l'œil, car en peinture, on doit modifier quelquefois les originalités de la nature, sans trop s'en éloigner bien entendu.

Ce marbre bien réussi, bien raisonné, est très-joli et très-doux à l'œil; mais il faut surtout qu'il soit tout à fait transparent. C'est pour cela que nous avons recommandé de faire l'ébauche un peu soutenue. Pour vernir, on doit prendre un vernis qui n'altère pas la fraîcheur du marbre.

Les champs, en jaune antique, doivent être extrêmement calmes comme le travail, et afin de laisser au panneau toute sa valeur, on les fera sur un ton pierre, également dans la pâte ou dans un glacis rose, composé comme il a été expliqué plus haut.

On aura sur la palette une teinte grise composée de blanc de céruse, d'une pointe de noir de charbon et d'un peu de laque pour le rendre légèrement vineux, une teinte d'ocre jaune à laquelle on ajoutera une pointe de jaune de chrôme ainsi qu'un peu de vermillon pour rendre le ton plus fin; puis une teinte rose, composée de blanc de céruse et d'un peu de vermillon, et enfin, une teinte composée de blanc de céruse, d'ocre jaune, de vermillon et de jaune de chrôme. Cette teinte doit être fraîche de ton, car ce marbre doit être d'une grande fraîcheur.

Lorsque l'on aura glacé le champ, on jettera les masses hardiment avec la teinte grise, en les allongeant; il faut en rattacher quelques-unes avec la teinte jaune qui marche ensuite, puis faire quelques veines ou parties quelque peu cailloutées, plus ou moins accentuées, remplir, au moyen d'une brosse d'un pouce quelques parties de masses ou cailloux avec la teinte rose, quelques autres avec la teinte jaune frais, en veinant par parties et en ménageant quelquefois le fond. Adoucissez le tout avec une brosse plate, très-douce, de manière à ne pas éteindre complétement le travail.

Quand vous aurez laissé sécher l'ébauche, vous ferez une teinte violette, composée de laque, de blanc de céruse et d'une pointe de bleu; mais cette teinte, qui doit servir aux repiqués, ne doit pas trop trancher. Vous vous servirez d'une brosse fine pour faire les

repiqués avec cette teinte par dessus les veines grises
de l'ébauche, en les ménageant assez visibles par endroits. On ne doit jamais mettre une teinte vigoureuse
sur une partie qui n'a pas de dessous : cela fait sec et
est très-laid à l'œil.

Rattachez quelques-unes de ces masses avec de la
teinte jaune en formant des masses, ou cailloutant par
endroits et en veinant allongé dans d'autres ; adoucissez légèrement, faites quelques veines ou cassures
blanches par endroits, les unes en travers du travail
et jetées hardiment, les autres en épousant la forme
des masses.

Ayez soin d'indiquer les coupes par des oppositions
de travail et de tons. Ceci est très-important pour la
propreté du travail.

Si l'on est appelé à former des panneaux renfoncés,
comme ils sont indiqués sur la planche de notre Album
n° 24 par le moyen de filets, quel que soit le ton que
l'on voudra donner au double champ qui existe, on
devra s'attacher pour le clair à le placer d'abord du
côté où viendra la lumière, le jour, et à le mettre dans
le ton exact ; il faut que ce clair soit brillant, mais cependant qu'il ne soit pas trop blanc pour ne pas faire
sec ; les ombres, naturellement opposées au jour, doivent être aussi raisonnées ; que l'on emploie la terre
d'ombre, le noir, ou toute autre couleur transparente,
mais sans aucun mélange de blanc. L'ombre doit être
transparente, et le mélange du blanc fait sale ; c'est
par le plus ou moins de liquide que l'on obtient un
ton plus clair ou plus foncé.

Marbre grand antique.

Le marbre antique est un marbre qui à beaucoup de cachet et de distinction, aussi l'emploie-t-on souvent pour cheminée de salon, salle à manger ou bureau. Quoique composé presque exclusivement de noir et de blanc, il plaît généralement à l'œil. Il arrive souvent que l'on est obligé de raccorder des retours de cheminée, des plinthes ou stylobates, dans une pièce où se trouve une cheminée de ce marbre, ou quelquefois isolément, pour terminer en frise une décoration, ensemble de marbre, vestibule ou autre.

Ce marbre doit être fait sur un fond parfaitement noir pur ; il faut, pour pouvoir bien exécuter son travail, que ce fond ne soit pas *enterré* et qu'il soit un peu brillant. Le noir ne nécessitant pas une teinte épaisse, compacte, on pourra, en le détrempant, ajouter un peu d'huile grasse pour maintenir le brillant ; il peut arriver aussi que l'on soit obligé de donner deux couches, il faut alors les donner *en glacis* pour éviter l'épaisseur de couleur qui ferait lever ou clocher la peinture. Cette observation est plutôt applicable aux travaux d'extérieur qu'à ceux d'intérieur, où l'on a moins à craindre les inconvénients dont nous venons de parler.

Il faut, pour la bonne exécution de ce marbre dont les blancs doivent être frais, c'est-à-dire sans mélange de noir, que le fond soit parfaitement sec. Le marbre antique offre réellement quelques difficultés, attend que, en mettant du blanc sur du noir, il y a opposition marquée d'une teinte à l'autre. Il faut donc faire une grande attention à la manière dont on emploie sa couleur plus ou moins liquide, ainsi qu'à la manière dont on place les veines sans confusion, et en laissant des repos placés adroitement et bien compris.

On aura sur la palette du blanc de céruse, pour faire quelques parties de demi-teintes, s'il y a lieu, mais il faut beaucoup de sobriété sur ce point, pour laisser le fond presque partout intact. Il ne faut donc faire que quelques petits chiquetés pour les repos, exécutés avec du noir, du jaune et du rouge.

Les veines du marbre antique sont jetées hardiment et suivant presque toutes le même sens, soit horizontalement, soit verticalement, et coupées çà et là par une cassure ou veine dans le travers des premières. Ainsi, par exemple, prenez une brosse ou un pinceau en martre, et commencez une masse d'un veinage un peu accentué, c'est-à-dire un peu fort, en vous aidant au besoin du pinceau à chiqueter, pourvu qu'il soit long de soie, en prenant du blanc sur la palette après l'avoir imbibé du liquide contenu dans le godet à palette ; faites quelques traînées avec le pinceau, mais sans raideur, de manière à ce que l'on ne sache pas avec quel instrument ce travail a pu être fait ; n'employez ce blanc pour le travail que très-liquide, afin de cristalliser les masses en rettachant et repassant avec la petite brosse ou le pinceau ; faites des veines allongées et plus fines, quelquefois *en cassure* et quelquefois en points. Il ne faut pas toujours employer le

blanc pur ; il faut y mélanger quelquefois un peu
d'ocre jaune, pour lui donner le ton un peu jaunet
qu'a souvent le marbre dans ses veines blanches ;
évitez aussi de faire trop criard ou trop confus ; il faut
que ce marbre, quoique dépourvu de coloris, soit
rendu riche par l'exécution.

Marbre petit antique.

Ce marbre est tout différent, et cependant il s'exécute aussi sur un fond noir. Lorsque l'on a des retours
de chemínées à faire, il faut en profiter pour étudier la
nature, ces retours devant être parfaitement dans le
même sentiment que le reste; il en est de même pour
les stylobates ou plinthes.

Ce marbre se fait également avec les quatre couleurs désignées pour le grand antique. Le petit antique
n'est composé que de chiquetés presque entièrement.
Le chiquetoire est l'instrument principal, ce qu'il
y a de plus important pour la bonne exécution de ce
marbre, et cela est on ne peut plus simple, c'est de
bien placer ces masses de chiquetés, sans que les
points soient égaux ni brouillés. Il faut appuyer plus
ou moins sur l'instrument, faire d'abord les chiquetés
par masses, en laissant quelques parties vides afin
de jeter quelques cassures ; fines pour former, par
exemple, un caillou traverser en plusieurs sens par
de petites veines fines et former une partie opposée,

1.

qui ne sont que pointillées de points blancs plus **ou** moins gros, également par masses, placés adroitement et gracieusement, et de manière à ce que l'on ne puisse les compter; il faut aussi que les chiquetés, qui se font en prenant la couleur avec le chiquetoire, par le mélange du blanc, du noir, du jaune et du rouge, reproduisent les tons et le travail au plus près possible de la nature. Si l'on marche seul, il faut arranger son travail pour qu'il soit gracieux et qu'il plaise à l'œil; d'ailleurs, le Saint-Anne, le grand antique et le petit antique se font fréquemment : cela meuble et plaît en peinture.

Le givet est un marbre excessivement simple et qui ne se fait guère qu'en raccord, c'est-à-dire dans une pièce où il y a une cheminée de ce marbre, encore le charge-t-on un peu plus. Ce marbre n'est composé que de chiquetés assez fins et de plusieurs nuances, c'est-à-dire de gris foncé, de gris un peu plus clair et d'un gris roussâtre ; il se fait également avec les quatre couleurs qui servent pour le petit antique. Mais presque tous ces chiquetés, arrangés par masses sans qu'il y est rien de brouillé, tous sont faits les uns par-dessus les autres, toujours les plus clairs et les plus fins en dernier lieu. Ce marbre offre quelquefois dans la nature des points d'un blanc quelque peu teinté d'ocre jaune, de blanc, et d'une pointe de rouge, de manière à former une teinte douteuse et cependant transparente. Cette fantaisie peut s'exécuter par la manière dont on prend les couleurs avec la brosse sans les mélanger entièrement ; il **y**

a aussi par endroits, mais très-rarement, quelques
cassures ou veines blanches, pas entièrement blanches,
mais ainsi désignées parce qu'elles tranchent sur le
reste. Tout cela est d'une exécution facile. Mais,
comme nous l'avons dit plus haut, ce marbre ne se
fait guère vu sa simplicité, qu'en raccord.

Marbre bleu Fleury.

Le marbre bleu Fleury, nommé ainsi, quoique la
moindre parcelle de bleu n'entre pour rien dans les
couleurs dont on se sert ; le noir de charbon et le blanc
de céruse sont les seules couleurs qui entrent dans sa
composition, mais le noir de charbon avec le blanc
produit une nuance bleuâtre. Ce marbre est frais de
ton, et comme dans tous les marbres, il y en a de plusieurs nuances, de plus ou moins agréables à l'œil.
On en a souvent besoin pour une cheminée à raccorder
en retours, pour des plinthes ou stylobates, car ce
marbre plaît et est assez répandu. On le trouve dans
les salons, chambres à coucher, etc., ou en chambranle de cheminée, et il est bien rare que l'on n'ait
pas les plinthes ou stylobates à faire pareils. Souvent
aussi, quand la cheminée est en marbre blanc, au lieu
de faire les plinthes pareilles, ce qui paraît être trop
salissant et ne pas se détacher assez sur la peinture,
on les fait en bleu Fleury. Dans ce cas, le travail doit
être le plus doux possible ; en frise d'escalier, sous la
coupe de pierre, il fait très-bien également, ainsi qu'en

peinture, comme frise de devanture. Ce marbre, quoi que composé seulement de noir et de blanc, est loin d'être triste et plaît beaucoup par sa fraîcheur.

On devra, pour l'exécuter, proportionner le fond à celui de la nature, et toujours dans les parties les plus claires. Ce fond est ordinairement d'un gris clair et très-frais ; n'étant composé que de noir de charbon et de blanc de céruse, il doit être sec.

La palette sera chargée seulement de blanc de céruse et de noir de charbon broyé bien fin. Il y a deux teintes dont la seconde n'est qu'une demi-teinte plus claire que celle qui doit servir à finir et à repiquer, si on le juge à propos. On pourra composer cette teinte en mélangeant du noir et du blanc avec le couteau à palette ; pour celui qui manque d'habitude cela est plus commode, mais on peut aussi avoir du blanc destiné à être mélangé avec le noir en prenant la couleur. — Ce marbre étant en partie composé de filandres ou veines très-fines, on pourra s'aider du pinceau à chiqueter. Nous avons déjà dit que ce pinceau devait être de moyenne grosseur et assez long de soies, afin qu'on puisse s'en servir facilement comme d'une brosse, pour veiner en le traînant du bout des doigts, en appuyant plus ou moins fort dans l'exécution, quelquefois aussi en tortillant par endroits les masses avec la teinte la plus claire, car elles sont destinées à être rattachées et suivies dans le sens que l'on aura adopté dans toutes les parties que l'on aura à faire. Ce marbre a toujours, on peut le remarquer, un sens horizontal, vertical, ou perpendiculaire. Avant toute autre opération on devra commencer par former des oppositions de teintes, donner du velouté, du transparent, et rendre le travail moins sec. Pour cela il faut faire des frottées, soit avec le pinceau à chiqueter, soit avec une brosse plate, par une masse suivie dans le sens que l'on devra donner ; laissez à côté, pour faire opposition, le fond seul ; ensuite, vous pourrez prendre de la teinte la plus claire, après avoir humecté le pinceau du liquide contenu dans le godet à palette, et vous ferez les masses ou traînées que nous avons expliquées plus haut. Il est bien entendu que, pour ce marbre comme pour les autres, il faut des repos et du calme. Quand vous aurez fait ce que nous venons d'expliquer vous placerez des demi-teintes avec une brosse pour masser, chaîner ou former quelques cailloux, mais toujours dans le sens adopté. Quant vous aurez suivi une masse de veines assez fortes au-dessous ou au-dessus, selon que vous aurez placé les teintes ci-dessus mentionnées, vous ferez calmer, opposer des veines allongées et cassées par endroits ; ces veines doivent être plutôt fines que grosses ; il faut que les frottées blanches servent à former l'une ou l'autre de ces masses. Vous rattacherez ces veines en consé-quence, sans que l'on puisse voir où ces frottées s'arrêtent, ni comment elles sont faites. Vous aurez une brosse plate très-douce, comme celles dont on se sert pour le blanc de zinc, afin d'adoucir quelque peu le travail déjà fait, mais toujours dans son sens, sans cependant éteindre le travail. Ce marbre se fait de suite sans ébauche. Passez ensuite aux veines fines plus accentuées, et destinées à finir le travail. Ces veines doivent être arrangées par masses ; ne mettez jamais une veine foncée sur une partie claire, ou, si vous le faites, que ce soit en filandre ou cassure, et que cela soit jeté hardiment, mais pas en masse. Vous prendrez, par exemple, du noir pur que vous emploierez plus ou moins liquide, en évitant que la teinte pleure ou coule. Après avoir humecté une brosse fine ou un pinceau de martre, si vous le jugez à propos, dans le liquide contenu dans le godet à palette, liquide composé d'essence de térébenthine, d'un peu d'huile grasse pour aider à sécher, vous terminerez les masses les plus accentuées. Ce travail s'appelle repiquer ; il arrive parfois que ces repiqués passent par-dessus les veines déjà faites, mais il faut éviter la confusion, c'est pourquoi nous donnons la progression à suivre. Les peintres sont appelés à rencontrer souvent de ce marbre et à en raccorder. Il faut en profiter pour l'étudier, en se servant des moyens que nous donnons. Vous aurez ensuite à ajouter quelques points blancs dans les cailloux, mais il faut les adoucir légèrement et faire même quelques cassures en travers du travail, accompagnées d'une veine blanche épousant la même forme.

Bleu lapis ou lazuli.

Quoique classé parmi les marbres, ce n'est, par le fait, qu'une sorte de pierre précieuse magnifique et transparente de tons. Malheureusement on n'en a jamais trouvé en grande quantité. Le bleu lapis est extrêmement rare, et la plus forte partie qui existe, se trouve à Rome, sous la forme de boule, à l'église des Jésuites. Il en existe aussi au maître-autel de l'église Saint-Paul, près de Rome, en petits panneaux. Le bleu lapis fait très-bien en petites parties, en médaillons, ou même dans un plafond encadré de marbre blanc. Quoique composé seulement de bleu et de blanc, il est d'une grande richesse. On lui donne toute sa transparence par la manière d'employer le bleu plus ou moins en glacis ; on peut, d'ailleurs, pour les clairs, se servir d'outremer sans mélange de blanc, ce qui donnerait une teinte grisâtre ; on se sert du bleu de Prusse pour les plus foncés. Le bleu lapis offre quelquefois des cassures ou veines en partie d'or pur, quelquefois des filandres d'argent ou même de fer.

Le fond devra toujours être très-soigné, car ce marbre, par sa richesse, ne se trouve qu'en des endroits où toute la décoration est traitée avec le plus grand soin. On fera un fond bleu très-clair, composé d'un mélange de blanc de céruse et d'outremer. Ce léger ton, quelque peu grisâtre, ne peut qu'aider et être utile pour la transparence des autres teintes. Le bleu lapis n'est composé que de chiquetés, par parties plus ou moins accentuées, de filandres et de pointillés plus foncés par masses. Il y a aussi quelques pointillés et cailloux triangulaires sur le fond et dans les parties de repos. Ce travail est on ne peut plus agréable. Les teintes, quoique fort peu compliquées, en sont si belles sans coloris, que le peintre qui exécute ce marbre, trouve dans son travail un véritable plaisir. Il n'y a donc qu'à bien raisonner l'emploi et la valeur des seules couleurs à employer, leur arrangement sans confusion et les oppositions sans qu'il y ait rien de heurté. Il ne faut mettre des parties vigou-reuses que sur celles qui le sont déjà par le travail primitif, comme nous allons l'expliquer.

Tout peintre sait que le bleu est très-difficile à employer, et, comme c'est la teinte capitale de ce travail, il faut agir avec prudence, avec goût et avec soin.

Votre godet à palette devra contenir de l'essence de térébenthine et une pointe d'huile grasse, mais de cette dernière seulement ce qu'il faut pour aider à sécher, autrement on courrait le risque de faire faïencer.

Vous aurez sur la palette du blanc de céruse, de l'outremer, du bleu de Prusse; vous commencerez avec le pinceau à chiqueter par former des masses, des pointillés qui se produiront par la manière dont cet instrument est monté. Il est bien entendu que les points ne doivent pas être partout égaux ; il faut appuyer plus ou moins sur l'instrument, en le tortillant quelquefois. Ce premier chiqueté sert de demi-teinte et doit aider à former le transparent si utile et nécessaire dans ce travail. Vous prendrez de l'outremer mêlé d'un peu de blanc, mais ce mélange doit être liquide ; vous ménagerez le fond par endroits en faisant quelques chiquetés en masses écartées, et un peu en veinant avec le pinceau ; le fond sera couvert entièrement en appuyant davantage. Il ne faudra pas, comme pour les autres, donner partout une teinte locale. On devra augmenter un peu la quantité de bleu ; ensuite, mais toujours par masses, on prendra de l'outremer pur, et l'on exécutera le travail par-dessus celui déjà fait. Il est quelquefois nécessaire pour de certaines masses, d'ajouter du bleu de Prusse, afin d'accentuer davantage, dans les demi-teintes et dans celles que nous venons de décrire; ensuite, à l'aide d'une brosse fine, vous rattacherez avec les masses de chiquetés les masses de filandres ou veines en cassures, mais seulement sur les parties les plus tranquilles, de manière à les occuper et à former des masses de ces mêmes veines. Il doit s'en rencontrer de plus fortes les unes que les autres; en outre, il ne faut pas adopter de sens, mais au contraire les contrarier, les croiser; la manière de les disposer produit quelquefois des cailloux ; dans ce cas vous passerez aux masses plus foncées ; mais c'est ici que nous vous recommandons une grande prudence, car il est difficile d'employer le bleu en conservant ou en donnant la transparence. Prenez du bleu de Prusse, glacez quelques parties avec le pinceau, continuez par quelques chiquetés plus ou moins accentués, mais sans en être prodigue; adoptez soit une masse dans un angle du panneau, soit toute autre partie, cela est indifférent; puis, au moyen d'une brosse fine, tracez quelques veines, comme nous l'avons expliqué, en repiqué, en rattachant ces masses plus accentuées, quelques-unes traversant le travail diagonalement ou verticalement ; faites quelques masses de pointillés de cette même teinte, par petits cailloux plus ou moins gros, avec de beau blanc, du blanc d'argent même, par masses, en les disposant dan les intervalles que laissent soit les veines, soit les chiquetés les plus clairs. Gardez-vous bien de mettre une teinte accentuée sur une teinte ou partie claire et *vice versà*, car en agissant ainsi vous feriez sec ; vous n'auriez ni velouté, ni transparent, et l'effet général du travail serait détruit.

En peinture, il est facile d'imiter les veines d'or qui existent dans la nature. Il faut pour cela laisser sécher complétement le travail et employer les mêmes moyens que pour la dorure, c'est-à-dire prendre de la mixture et s'en servir pour jeter une veine et quelques points, mais sans trop abuser de cette manière. Dorez cette veine, comme vous avez l'habitude de le faire, en appliquant l'or dessus, et rattachez-la par de petites filandres arrangées en une masse avec de l'ocre jaune mélangé d'un peu de blanc. Vous aurez soin aussi de rattacher à cette même masse quelques veines sourdes de l'ocre jaune employé seul et plus liquide. Jetez aussi, mais avec une grande sobriété, pour ne pas faire trop criard, quelques veines blanches soit en travers du travail, soit verticalement, en disposant par endroits de petites masses fines. Les veines blanches seront quelquefois accompagnées de veines jaunes, quelquefois mélangées, mais toute cette opération doit se faire sans qu'il y ait de profusion ni rien de heurté.

Le bleu lapis, comme nous l'avons dit, plait de suite par son admirable transparence. En peinture, on le rend très-agréable à l'œil, en lui donnant ou en lui conservant une teinte céleste et tendre. En raisonnant bien les teintes et leur arrangement on peut lui conserver tout son cachet.

Il est bien entendu que ce glacis doit être assez limpide pour ne pas écraser le travail et assez fort pour masquer les veines faites par le blaireau, et donner définitivement le ton que l'on veut obtenir; on pourra aussi par parties, faire quelques fouettées avec le blaireau, mais alors en travers du travail de l'ébauche, et adoucies dans leur sens.

Marbre brèche d'Alep.

Ce marbre est assez recherché pour cheminées, pour frises ou pour médaillons. Il y a dans ce genre de marbre plusieurs variétés de tons ou de nuances. Ainsi, par exemple, il y en a où il se trouve plus de cailloux jaunes et où la presque totalité du fond est jaune, c'est-à-dire offre un ton de pierre jaune et sans cependant être trop frais; il y en a où les cailloux rouges et le fond rouge dominent.

Il faut toujours, lorsque l'on a à raccorder pour faire le fond, chercher les parties les plus claires de ce même fond, ayant à chiqueter quelques tons par masses pour aider à caillouter, car ce marbre, comme toutes les brèches, est composé de cailloux par masses plus ou moins gros. La brèche d'Alep est assez difficile à faire : il faut bien l'étudier d'abord en raccordant, et c'est toujours du reste ce qui forme la main douce. Lorsqu'on en fait isolément, on éprouve moins de difficultés d'après l'étude que l'on a déjà faite. On aura donc à s'occuper de bien grouper les cailloux par masses et ces cailloux doivent toujours être taillés bien nets et presque toujours d'une forme triangulaire. La nature est toujours belle par elle-même, mais l'on peut en peinture chercher à plaire à l'œil; il faut donc bien raisonner l'emploi et la valeur des couleurs, ne pas faire une masse compacte de cailloux comme tons et comme arrangement. Il faut des parties plus calmes où les cailloux soient par cette raison même plus petits.

Ainsi, pour le fond, on choisira, comme nous l'avons dit, la teinte la plus claire, quelle que soit la nuance qui domine, car, quoique cailloutée presque partout, il y a toujours un fond qu'il est facile de trouver dans les parties où les cailloux sont moins serrés. Il faut que le fond soit sec pour exécuter ce travail.

On aura sur la palette de l'ocre jaune ; on mélangera, pour les cailloux frais, dans une quantité d'ocre jaune proportionnée à ce que l'on aura à faire, une pointe de jaune de chrôme, la nature elle-même en présentant quelquefois, d'un jaune très-frais. On aura du blanc de céruse, de l'ocre rouge ou bien encore un peu de brun Van-Dick pour les cailloux d'un rosé presque toujours vineux. Conservez toujours ces teintes bien fraîches, ayez une brosse pour chaque einte et du blanc pour mélanger avec le noir pour les cailloux gris, le contact du noir avec les autres teintes formerait des tons sales. Avec le pinceau à chiqueter on chiquetera quelques masses plus ou moins serrées. Ainsi, par exemple, on prendra avec le pinceau du blanc, du jaune et du rouge sans mélanger complétement ces teintes ensemble pour ne pas donner une teinte trop locale ; on fera d'autres parties plus grises, plus rosées même, en mettant quelquefois ces chiquetés par dessus les uns les autres, mais tout cela par masses.

Arrangez le chiquetoire de manière à former de petits cailloux autant que possible ; cet instrument du reste est facile à disposer. Ainsi il ne fait rond qu'autant qu'on le prépare pour cela, encore est-il difficile d'obtenir ce résultat. Pour les marbres, il ne faut pas avoir un chiquetoire trop gros ; il faut un pinceau moyen assez long de soie pour le rendre plus facile à conduire. N'employez pas les teintes pour les chiquetées trop compactes, trop épaisses, pour ne pas gêner le travail qui va suivre. Les cailloux étant presque triangulaires, nous conseillons de petites brosses plates, selon nous plus commodes que les brosses rondes qui ont aussi leur emploi pour quelques petits cas pointillés. Ainsi on prendra de l'ocre jaune, on placera les cailloux les plus gros sans les serrer, afin d'en introduire de plus petits soit de la teinte jaune frais ou bien de la teinte rose, grise même. On doit se rappeler qu'il y a les chiquetées qui doivent être ménagées par endroits ; on y placera quelques cailloux rose frais, même des cailloux blancs purs ; il y a aussi

des cailloux noirs purs, il y en a même d'assez forts,
ceux-là devront être veinés en travers, diagonalement
ou verticalement, par des filandres faites avec du blanc
mélangé d'un peu de jaune, mais en cristallisant. On
peut obtenir cela avec une seule brosse, car c'est la
manière de prendre la couleur qui peut produire cet
effet. Il ne faut pas prodiguer ces cailloux noirs si l'on
marche seul, c'est-à-dire sans avoir à copier ; il faut
les placer adroitement et dans les intervalles laissés
entre les cailloux d'autres teintes, souvent en petits
pointillés. Il s'en trouve également d'une teinte rousse
ou rouge par le mélange du noir avec du jaune ou du
rouge. Il faut en être également sobre. Nous avons dit
qu'il fallait que les cailloux fussent taillés bien nets et
bien propres, il s'en trouve pourtant qui ne sont pas
de la même nuance dans leur entier. Ainsi un caillou commencé en jaune, ou dans une autre teinte,
peut être terminé en fondant par une nuance plus
claire.

Si l'on a à exécuter en raccord de ce marbre où les
cailloux rouges dominent, les moyens, sauf les teintes,
sont les mêmes et pour le fond et pour le travail. Ainsi
que nous l'avons dit, ce marbre, comme toutes les
brèches, est difficile à rendre gracieux à l'œil ; il faut
donc bien raisonner le placement des cailloux et bien
masser en ménageant des repos, des oppositions de
tons et de cailloux plus ou moins petits. Vous terminerez ce travail par quelques cailloux blancs frais et
quelques pointillés de la même couleur, mais évitez
d'altérer la forme des cailloux en les mélangeant les

uns avec les autres. Ils doivent, chacun dans sa forme
et sa teinte, être bien lisibles. Le liquide contenu dans
le godet à palette et dont on se servira pour le mélange
des couleurs en en prenant avec la brosse, sera composé d'essence de térébenthine, d'un peu d'huile de
lin et d'une pointe d'huile grasse, mais très peu. Nous
avons déjà expliqué les inconvénients qui résultent
de l'emploi de cette huile en trop grande quantité.

Marbre brèche violette.

Les panneaux marbre brèche violette doivent se
faire sur un fond blanc parfaitement apprêté.

Ce travail doit se faire (pour se servir d'une expression employée généralement) dans la pâte ou dans un
glacis légèrement rosé. Afin de pouvoir fondre et adoucir plus facilement l'ébauche, ce glacis doit recevoir
une quantité d'huile suffisante pour le rendre plus
souple et l'empêcher de tirer lorsque l'on exécutera
l'ébauche.

On doit avoir sur la palette une teinte violette peu
foncée composée de blanc de céruse, de laque rose et
d'une pointe de bleu. On fait, pour tous les tons très-
frais, une teinte composée de la même manière, mais
plus rose, sans y mettre de bleu; une teinte grise légèrement vineuse, qui s'obtient avec du blanc de céruse, du noir et une pointe de laque; enfin de l'ocre
jaune, rendu plus fin par une pointe de chrôme et de

vermillon. Dans le godet à palette, on prépare un mélange de térébenthine et d'huile grasse, car la laque est très-difficile à sécher ; mais il faut être très-sobre d'huile grasse, car elle a l'inconvénient de faire faïencer ou clocher. Avec une brosse de moyenne grosseur on forme les masses de l'ébauche pour indiquer des cailloux, quelques-uns plus grands et plus hardiment jetés ; tout cela par masses, en ménageant des repos ; on fait quelques parties chiquetées, puis quelques cailloux à l'intérieur, légèrement rosés ou violacés; quelques-uns laissés tels qu'ils sont par le glacis, et en caedoutant en demi-teinte dans les plus grands.

On peut, en jetant les yeux sur notre planche, se rendre compte de cette opération.

On prend, pour former le veinage, l'une ou l'autre des teintes sur la palette ; quelquefois même on les mélange, de manière à ce qu'il n'y ait rien de sec ni de trop uniforme dans les tons.

Il faut accentuer davantage quelques-uns de ces tons et jeter hardiment son ébauche, car c'est de là que dépend la réussite de tout le travail qui reste à faire ; c'est de là que dépend la transparence.

On doit revenir ensuite adoucir avec des glacis au moyen d'une brosse plate très-douce, en conservant quelques masses plus indiquées et d'autres plus adoucies, surtout où l'on veut conserver des repos. L'ébauche étant sèche, on exécute avec une brosse fine des repiqués plus vigoureux sur quelques parties de l'ébauche, en faisant un petit travail caillouté, et en évitant de mettre ces repiqués sur les veines les

plus douces de l'ébauche, ce qui rendrait le travail
sec. On se sert des parties les plus accentuées, et par
masses, pour faire quelques cristallisés avec du blanc
de zinc, par exemple, qui donne beaucoup de transparence.

On se sert, pour cette opération, du pinceau à chiqueter avec lequel on a pris de ce blanc très-clair; on
le passe sur quelques parties bien adoucies en travers
des veines de l'ébauche; on trace quelques cailloux
triangulaires plus blancs, quelques autres très-petits,
toujours par petites masses. Le marbre de cette planche, qui est le n° 10 de notre Album, doit être très-
doux et très-frais; on remarquera aussi, pour les ornements, s'ils n'existent pas naturellement et que l'on
doive les faire à la main, que les ombres exigent un
ton un peu rosé et les clairs un ton blanc quelque peu
rosé également. Le champ qui entoure les panneaux
peut se faire en blanc statuaire, c'est-à-dire peu travaillé; quelques points suffisent par petites masses
parfaitement adoucies. On peut aussi, comme cela est
indiqué sur notre planche, pour donner du calme,
adopter un ton de pierre très-clair, légèrement teinté
de terre d'ombre.

Marbre brèche violette.

La brèche violette est très-douce. La nature de ce
marbre a quelquefois, et en majeure partie, des tons
beaucoup plus durs; mais en peinture, il faut appro-

prier ce que l'on exécute sans trop s'écarter de la nature, cependant, pour tout ce qui entoure ce que l'on veut reproduire.

En conséquence, pour le fond de ce marbre, il faut qu'il soit blanc ; il est bien entendu que si l'on veut obtenir un beau résultat il faut, surtout pour une décoration comme celle de la planche nᵒ 7 de notre Album, que les fonds soient très-soignés ; sur enduit, par exemple, on peut obtenir presque (bien entendu) le poli du marbre. Il est vrai que, dans l'exécution, le décorateur peut, malgré lui, laisser quelques épaisseurs pour les brillants ou les tons vigoureux, cela est à peu près inévitable.

Le fond étant sec, faire un glacis qui, n'étant pas destiné à couvrir, ne doit pas être trop fort, mais il doit être très-moelleux pour pouvoir se travailler facilement ; à cet effet, on peut mettre un peu d'huile de lin ou d'huile blanche pour qu'il ne tire pas, comme s'il n'y avait que de l'essence. Il doit être composé de blanc de céruse, teinté légèrement de vermillon, pour faire la teinte rosée que l'on trouve dans quelques cailloux de ce marbre. Passer le glacis sur les parties à exécuter ; mais pour éviter un double emploi, ne glacer que ce qui est nécessaire.

Avoir sur la palette du blanc de céruse, composer une teinte violette, avoir également une teinte gris-frais, une teinte rosée, un peu de terre de Sienne brûlée, du noir et de l'ocre jaune ; procéder à l'ébauche, prendre une brosse de grosseur moyenne, dessiner les masses qui doivent servir de dessous assez vigoureusement pour ne pas faire trop sec en finissant. Ces dessous devant être reglacés et repiqués dans les marbres, la transparence et la cristallisation sont les points essentiels. Les panneaux de cette planche offrent quelques veines qui paraissent à peine ; elles doivent, en peinture, être plus transparentes ; car la peinture supporte mieux que le papier des glacés transparents. Il ne faut pas se servir exclusivement d'une seule teinte, mais savoir combiner quelquefois l'une avec l'autre ; par exemple, la teinte violette et la teinte grise, quelquefois même un peu de teinte rose ; ces masses s'obtiennent en formant des cailloux plus petits ou plus grands, carrés ou en triangle, mais jamais ronds. On peut du reste, pour les panneaux, suivre aveuglément cette planche, sans craindre de faire un peu dur, par la raison que nous avons donnée plus haut relativement à la manière de finir. On remplit ensuite quelques cailloux bien nets, soit avec du rose, soit avec une teinte jaune-clair, mais toujours par masses ; on adoucit ensuite légèrement, avec une brosse plate fort douce, celle que l'on emploie pour le blanc de zinc.

Quand l'ébauche est sèche, on se sert des teintes qui ont servi à l'établir, en ayant sur sa palette de la laque rose, de la terre de Sienne brûlée, du noir et du jaune, de manière à pouvoir repiquer avec une brosse fine par de petites veines arrangées en petites masses cailloutées et d'une teinte inégale ; on laissera des repos pour éviter la confusion.

Ceci d'ailleurs est une étude à faire avant de commencer, pour bien se rendre compte de ce que l'on doit exécuter, car on doit profiter de tout ce que l'on rencontre pour chercher à s'instruire, à se fortifier, à se préparer, en un mot, à l'exécution de tous les marbres. Si l'on rencontre un morceau de brèche violette, par exemple, l'étudier, le comparer à l'échantillon que représente notre planche. Ne pas faire les repiqués trop secs, et toujours sur les parties vigoureuses de l'ébauche, du foncé sur du clair faisant mauvais effet ; passer sur les parties plus accentuées, où l'on ne veut pas repiquer des blancs très-liquides et très-transparents, avec un pinceau à chiqueter, en travers de la veine, en cristallisant ; en veinant légèrement avec ce pinceau, adoucir les blancs, ainsi que les repiqués, mais légèrement ; marquer aussi quelques cailloux plus blancs, en le prenant d'un angle, par exemple, et allant en adoucissant par le bas ; mais tout cela transparent, en peignant même, ce qui vient naturellement à l'appui de ce qui a été dit pour l'ébauche ; à cet effet, sur les parties calmes où il n'y a pas de veinage, faire également quelques cailloux triangulaires, toujours très-transparents, ainsi que dans les masses quelques cailloux roses, et terminer par quelques veines blanches ou coups de fouet en travers du travail. On peut, pour faire sécher ce travail, mettre un peu d'huile grasse.

Marbre brèche violette par assises.

Ce genre de marbre peut s'exécuter dans un escalier, une salle à manger ou un vestibule. Ce marbre est très-frais et doux à l'œil ; on doit s'attacher, du reste, à produire des tons qui plaisent à la vue, sans s'écarter de la nature, qui a quelquefois des oppositions fortement accusées, supportables par leur vérité ; mais, en peinture, on peut modifier pour arriver à produire un effet convenable, approprié à l'endroit où l'on exécute telle ou telle décoration.

On aura, comme pour tous les bois et marbres en général, bien soigné d'abord les apprêts. Le fond devra être couché en blanc de céruse. Ce marbre doit être fait dans la pâte ou dans un glacis, qui doit aider l'ébauche à fondre. Le glacis n'étant pas destiné à couvrir ne doit pas être trop fort, mais il faut qu'il soit un peu rosé, pour laisser dans l'ensemble une teinte chaude de ton. Ce glacis doit être souple, moelleux, en un mot facile à travailler. Dans sa détrempe, qui a pour matière première l'essence de térébenthine, on mettra une quantité d'huile de lin suffisante pour que ce glacis ne s'enterre pas et ne prenne pas trop vite. On peut, ce qui est préférable, pour empêcher de jaunir, employer l'huile blanche, et pour sécher, la litharge broyée ou infusée et le zumatique.

Vous devez préalablement faire la distribution des p alles par parties, en vous arrangeant de manière à ce qu'elles se trouvent toutes, autant que possible, d'é-

2.

gale largeur, nous disons autant que possible, parce qu'il peut se présenter des endroits dans la construction où l'on soit obligé de faire une distribution spéciale; vous indiquerez les coupes aplomb par un trait de crayon, de manière à ce que ce travail, qui est destiné à représenter un assemblage de blocs de marbre, conserve les coupes nettes et pures dans leurs oppositions de tons et de travail. Vous étendrez le glacis sur les parties que vous voudrez exécuter.

Ayez sur votre palette, pour l'ébauche, une teinte violette, composée de blanc de céruse mélangée de laque carminée; pour éviter de faire trop rose, ajoutez-y une pointe de bleu; ensuite une teinte mélangée de céruse et de bleu de Prusse, légèrement modifiés avec une pointe de laque; cette teinte doit être douce et employée sobrement; puis une teinte grise, fraîche de ton, et d'un gris-perle, faite avec du blanc de céruse, du noir et une pointe de laque; une teinte de jaune frais, chaud de ton; ocre jaune, une pointe de jaune de chrôme, réchauffée d'un peu de vermillon, et enfin une teinte rose faite de blanc de vermillon. Il faut avoir aussi, dans le godet à palette, de l'essence, un peu d'huile et du siccatif, ou bien se servir de l'essence dans laquelle on aura mis d'avance infuser de la litharge. On formera les veines de l'ébauche destinées à servir de dessous, on dessinera les cailloux hardiment, en les opposant de ton et de travail, sans craindre de faire l'ébauche un peu accentuée, puisque cette opération doit être rendue transparente par des glacis comme nous l'expliquerons. On doit se servir du glacis indiqué primitivement, en le ménageant à quelques parties, pour former des cailloux roses et frais ; puis on adoucit les veines de l'ébauche dans leur sens avec une brosse plate très-douce. Il est facile de se rendre compte de toutes ces opérations par le genre de travail exécuté sur la planche que nous expliquons, qui se trouve dans notre Album n° **22**. **Ayez** bien soin d'opposer les dalles, soit dans la manière de placer les masses, soit dans leur ton. Attendez que l'ébauche soit sèche pour terminer le travail ; prenez du blanc de zinc, qui fait très-transparent et très-frais, pour reglacer, adoucir les veines de l'ébauche et les cristalliser. Faites ensuite des cailloux blancs bien nets, quelques-uns disposés par petites masses, d'autres faits plus hardiment et en veinant même ; repiquez ensuite par quelques veines fines et plus vigoureuses en formant de petits cailloux par-dessus celles de l'ébauche ; évitez de mettre une teinte vigoureuse sur une partie de l'ébauche où il n'y aurait rien dessous ou seulement une teinte claire, car cela ferait sec et il n'y aurait plus de transparence ; ménagez des repos, sans cependant que le travail d'aucune masse s'arrête brusquement ; graduez vos teintes, n'employez pas la laque pure, mais mélangée avec l'une ou l'autre des teintes que vous avez sur la palette, ou même mélangée avec du noir pour les endroits que vous voudrez indiquer plus vigoureusement. Ce marbre doit être très-frais et en quelque sorte doux à l'œil. Il se vernit avec un vernis blanc, pour ne pas détruire la fraîcheur qui fait toute la valeur de ce genre de marbre.

Marbre brocatelle.

Ce marbre, composé de plusieurs couleurs, est extrêmement riche et coquet. Il plaît beaucoup et coûte
assez cher. On en voit souvent de très-jolis en chambranle de cheminées, dans un ensemble ou distribution de plusieurs marbres. Il fait très-bien pour de
petits panneaux ; on le rencontre aussi sur de jolies
pendules de cabinet ou de salle à manger, sur un
marbre noir, par exemple, en socles ou petites plates-
bandes.

Nous avons cru devoir lui donner une place dans
notre ouvrage, parce qu'on est appelé souvent à en
rencontrer dans les appartements et par conséquent
à le raccorder soit en stylobates, soit en plinthes.
Nous allons donner la progression à suivre et le fond
à adopter. Du reste, tous les peintres ont dû avoir à
exécuter de ces raccords ; ils ont par conséquent pu
étudier et comprendre ce marbre qui est d'une grande
richesse. Comme dans tous les marbres, il y en a de
plusieurs nuances, et dans les raccords à faire, il est
indispensable de se rapprocher de la nature et d'ac-
cepter le travail et le ton tels qu'ils se présentent.

On choisira la teinte la plus claire pour la teinte de
fond, car le fond se voit toujours, quoique ce marbre
soit très-serré de veinage. Ce fond se compose ordinairement d'un ton de pierre qui s'obtient avec du
blanc de céruse, de l'ocre jaune et un peu de jaune de

chrome destiné à dominer et donner une teinte jaune d'œuf très-claire.

On choisit la teinte la plus claire, parce que le veinage étant fait on a des pointillés ou cailloux d'un jaune plus foncé à rapporter comme nous l'expliquerons plus loin.

On aura sur la palette du blanc de céruse, un peu de laque et de brun Van-Dyck. On fera avec ce dernier, en y ajoutant une pointe de laque au besoin pour rendre le ton plus frais, une teinte qui servira pour les demi-teintes ou tons plus clairs; on mélangera, au moyen du couteau à palette, du blanc de céruse avec les deux teintes dont nous venons de parler. Pour rendre le travail plus facile, on échantillonnera ces teintes d'après le ton de la nature, on en disposera une autre plus foncée en augmentant le brun Van-Dyck, on aura aussi un peu de terre de Sienne calcinée pour opposer et accentuer un peu plus quelques veines. Il se trouve aussi quelques parties grises transparentes dans le fond ; on les place à l'aide du pinceau à chiqueter en le tortillant, en chiquetant même, mais pas enchiquetés nets et un peu aplatis. On pourra aussi chiqueter quelques masses avec la teinte jaune foncée et laisser *souvent* le fond seul. On pourra encore, pour former des dessous et rendre le travail plus facile, s'aider du chiquetoire pour quelques masses de la teinte vineuse la plus claire, cela rend le travail moins sec, plus transparent et plus velouté.

Ce que nous venons d'expliquer peut s'excuser pour servir d'ébauche dans toutes les parties où toute la

pièce de stylobate qu'on aurait à faire. Il n'est pas nécessaire d'attendre que le travail soit sec, au contraire, nous conseillons de prendre un pinceau de
martre pour le travail qui va suivre. On aura déjà, à
l'aide du chiquetoire, fait quelques tortillés avec la
teinte plus foncée, et, par dessus quelques masses
déjà faites et après qu'elles auront été rattachées par
des filandres quelquefois en *tortillonnant*. C'est alors
qu'il faut faire les veines plus accentuées par masses
en laissant des repos et des calmes. Ces filandres ou
veines qui ne doivent avoir rien de raide sont destinés
à bien rattacher les masses faites à l'aide du chiquetoire.

Ce marbre doit former un ensemble de teinte vineuse dans laquelle il y a des cailloux jaunes un peu
soutenus. On mettra ces quelques points jaunes dans
de certaines masses en laissant quelques parties avec
le fond seul. On fera également quelques points blancs
cristallisés, c'est-à-dire qui ne soient pas d'un blanc
trop épais. Le godet à palette contiendra de l'essence,
un peu d'huile de lin et une pointe d'huile grasse,
mais très-modérément pour éviter de faire casser ou
clocher la peinture.

Nous avons dit qu'il fallait aussi se servir de terre
de Sienne calcinée; on ne doit pas l'employer épaisse,
mais un peu liquide, afin de faire quelques repiqués
plus accentués et opposés.

Marbre bronze.

La porte en bronze s'exécute de la manière suivante (voir notre planche n° 9) : Le fond doit être proportionné à ce que l'on veut obtenir, bronze antique ou bronze moderne ; dans le premier cas, composer une teinte avec du bleu de Prusse, du blanc de céruse et un peu de terre d'ombre, de manière à amortir le ton qui doit être entre le vert olive et un vert plus frais ; dans l'autre cas diminuer la quantité de terre d'ombre, sans cependant faire trop frais ; éviter toujours, pour faire sécher, d'employer trop d'huile grasse ; le peintre exécutant doit d'ailleurs être au courant de tout cela.

Quand la première teinte est bien sèche, on la couvre d'une teinte d'un ton de vert-de-gris, en évitant de faire trop jaune ou trop fade. La palette doit être composée d'une teinte gros vert, d'une teinte chaude de ton faite avec de la terre de Sienne brûlée, du blanc et du vermillon. On mêle le tout ensemble avec le couteau à palette et l'on prend ensuite sur la palette un peu de brun de Van-Dyck.

Passer les verts de gris dans les fonds et dans le bas des panneaux ; enfin, dans les parties où le raisonnement vous indique que ce vert de gris doit se former ; étendre ensuite la teinte gros vert auprès des verts de gris apposés dans le bas des panneaux ; ces deux teintes doivent se fondre l'une avec l'autre ; en suite le brun Vandick, et, progressivement, jusqu'au clair mis à l'endroit qu'on veut éclairer ; adoucir le tout avec une brosse plate, de manière à ce qu'on ne voie ni tache ni nuance et que les verts de gris ne soient pas salis ; prendre une teinte plus brillante pour en passer sur les arêtes et parties saillantes. Pour donner du calme et avantager les panneaux, éviter trop d'effets dans les champs, pas de brillants surtout. Le peintre qui voudra exécuter l'ornementation de cette planche comprendra qu'il doit en faire d'abord un ponsif afin d'obtenir une certaine régularité qu'il n'obtiendrait pas sans cela, tout en perdant beaucoup plus de temps. Il devra prendre de la terre d'ombre brûlée, broyée bien fine, afin de pouvoir adoucir plus facilement ; pour les clairs, il prendra de la teinte de fond, mêlée de blanc de céruse, en évitant surtout de faire trop blanc, le tout bien fondu ; il pourra arriver à se rapprocher davantage de l'illusion qu'il voudra obtenir.

Nous espérons être agréables à nos lecteurs en leur donnant tous ces conseils dictés par nos connaissances pratiques.

Marbre griotte.

Les panneaux du lambris en griotte doivent se faire sur un fond brun assez foncé. (Voir notre planche n° 23.) Ce marbre doit se faire dans la pâte mélangée avec un peu de brun Van-Dick dans la teinte, pour lui donner un ton vineux.

On aura sur la palette du vermillon en très-petite quantité, de l'ocre rouge, du brun Van-Dick et du noir de charbon.

Pour exécuter ce marbre, on fera d'abord à certains endroits et par masses, pour ne pas faire trop local et trop heurté, quelques frottis avec du noir, mais en mélangeant le glacis qui est frais avec ce noir.

On prendra ensuite une brosse de un quart de pouce environ et l'on commencera à caillouter.

On prendra, si l'on veut, pour commencer, du Van-Dick, et l'on formera une masse de cailloux dans le sens adopté, puis on fera d'autres masses avec l'ocre rouge. Ces cailloux ne doivent pas être d'égale grosseur ni disposés dans le même sens. Les uns doivent être presque ronds, les autres plus allongés, mais toujours par masses, et, quoique le glacis soit frais, ils doivent toujours être frais et presque nets, les couleurs en séchant se fondant d'elles-mêmes. On fait ensuite quelques masses de cailloux plus fins avec le vermillon dont nous vous rappelons toutefois qu'il ne faut jamais abuser. En somme, ce marbre, quoiqu'il renferme des oppositions dans ses teintes et dans son travail, doit être calme.

Lorsque l'ébauche sera sèche, on fera quelques cassures fines grisâtres, résultat facile à obtenir, en prenant avec la brosse du blanc, du noir et du jaune, de manière à former une teinte œil de perdrix dont on se servira pour disposer quelques petits points par légères masses. Il faut dans tout cela éviter la confusion

3

et jeter ces petites veines d'une manière à la fois gracieuse et hardie.

Marbre jaune antique et jaune Fleury.

Le marbre jaune antique a quelque analogie avec le jaune de Sienne; la différence est dans le ton, qui est beaucoup plus chaud, et dans les veines, qui sont moins accentuées. Ce qui domine, ce sont les veines jaunes. Assez ordinairement on l'emploie pour champs avec d'autres marbres, pour corniches et aussi pour panneaux. Quand on désire un marbre doux à l'œil, on devra, pour le fond, faire un ton de pierre très-clair ; ce fond doit être bien soigné, ceci est-très-important si l'on veut faire une belle décoration. Ce marbre doit être fait dans la pâte ou dans un glacis, pour aider à fondre ou à adoucir. Ce glacis, qui est rosé et teinté de vermillon, s'obtient de la manière suivante : détrempez du blanc de céruse, comme on le fait ordinairement, avec de l'essence de térébenthine et de l'huile de lin, mais de cette dernière tout juste ce qu'il faut pour empêcher le glacis de tirer et de prendre trop vite; vous pouvez aider au séchage du glacis, et en même temps des couleurs, sans avoir recours à l'huile grasse : faites infuser un peu de siccatif zumatique, ou tout autre, dans le *glacis*, c'est-à-dire dans une teinte liquide, souple, facile à travailler. Il est donc très-important de bien calculer la quantité d'huile de lin relativement à ce que vous pouvez avoir à détremper, et à la quantité d'essence que vous aurez mise ; étendez le glacis sur les parties à exécuter, en ayant bien soin de n'en point glacer plus que vous ne croyez pouvoir en faire, car si le lendemain, par exemple, vous trouviez votre glacis sec, vous seriez obligé de recommencer.

Il faut avoir sur la palette, en procédant par ordre de teinte, d'abord du blanc de céruse, dont vous vous servirez pour éclaircir les teintes servant à l'ébauche des masses que nous allons décrire. Préparez une teinte grise vineuse, composée de blanc, de noir et d'une pointe de laque rose ; cette teinte ne doit pas être trop foncée, mais du reste vous aurez du blanc qui vous servira à ne pas faire trop uniforme ; ayez un peu de laque, que vous mélangerez quelquefois avec le blanc et quelquefois avec un peu d'ocre jaune, auquel vous aurez ajouté une pointe de chrôme pour le rendre plus fin, et un peu de vermillon, mais très-peu. Vous composerez une teinte rose avec du blanc de céruse et du vermillon, mais il faut que cette teinte, ainsi que le glacis, ne soit pas trop rouge, car le marbre peut être rendu chaud de ton sans être trop haut de couleur ; vous aurez donc une teinte composée d'ocre jaune, de jaune de chrôme et d'un peu de vermillon. Avec ces deux teintes et le blanc, vous devez pouvoir exécuter ce marbre. Faites, si vous le voulez, une teinte plus claire pour éviter de trop mélanger les couleurs : elle sera composée de blanc de céruse, de jaune de chrôme, d'un peu d'ocre jaune et d'une pointe de vermillon, de manière à former une teinte paille chaude de ton, ce qui s'obtient facilement par le glacis déjà rose. Votre godet à palette devra contenir de l'essence de térébenthine et un peu d'huile de lin; inutile d'ajouter du siccatif, qui ferait double emploi avec le glacis.

Pour exécuter ce marbre, il vous faut une brosse moyenne pour les demi-teintes, et, autant que possible, une pour les gris, et une moins forte pour les veines jaunes, afin de ne pas faire *sale*; une brosse d'un pouce pour remplir et former le fond du marbre, et enfin une brosse plate très-douce pour adoucir.

Ce marbre, comme veinage, est peu massé, peu accentué. Il est bien entendu que s'il est employé comme champ, il doit être fort calme, et composé presque uniquement de tons et de veines un peu allongées ; on peut, dans ce cas, le terminer de suite. S'il est employé en panneaux, il faut accentuer davantage et former des masses, mais toujours douces.

Nous allons suivre le travail par ordre. Placez, par exemple, une masse grise, d'un ton frais et laqueux en allongeant un peu, formez des cailloux ; prenez, avec le gris, soit un peu de laque, soit un peu de blanc, pour opposer et rattacher par quelques filandres plus fines. Mêlez quelquefois un peu de laque à la teinte jaune, et pour former des dessous, jetez une veine grise ou jaune peu prononcée, diagonalement ou verticalement, dans le sens que vous avez adopté, afin d'aider à former des cailloux et des oppositions. Remplissez ensuite avec la brosse d'un pouce, dans les cailloux formés par les masses aux parties les plus prononcées du veinage, avec la teinte jaune, accompagnée de la teinte rosée pour quelques-uns ; ensuite dans les parties où passent les cassures. Ceci ne doit s'opposer que par des tons formant de grands cailloux, soit rosés, soit plus jaunes ; cailloutez même avec la brosse d'un pouce, afin de former une masse allongée, et le fond formera de lui-même opposition. Adoucissez avec la brosse plate chaque masse ou frottée, sans qu'on puisse voir la trace du passage de la brosse plate ; repiquez ensuite avec une brosse plus fine sur les masses grises les plus prononcées, en prenant de la teinte jaune mélangée d'un peu de laque, de manière à former une teinte riche et chaude de ton, mais ces veines doivent être très-fines. Pour les terminer et les arrêter, vous vous servirez d'une masse grise plus tendre , et vous pourrez continuer par une filandre ou par plusieurs, se suivant ou se contrariant, mais elles doivent être très-douces. Vous avez dû ménager les veines grises les plus douces pour y mettre quelques points blancs ; lancez alors quelques veines blanches en travers, perpendiculairement ou verticalement. Une de ces veines, commencée un peu forte, peut, étant jetée en cassure, se terminer presqu'à rien ; adoucissez légèrement, faites quelques points blancs sur quelques veines et quelques points roses très-frais, surtout sur quelques jonctions de repiqués.

On peut voir de ce marbre quelquefois en cheminées, aux foyers, avec d'autres marbres, sur quelques pendules, en socle ou petits panneaux. Nous ferons observer que dans la nature il existe quelquefois des tons douteux, sales même, qui sont pourtant trouvés

beaux comme tout ce qui est naturel, mais en peinture on doit s'attacher à rendre toujours ce marbre
très-frais de ton.

Nous allons donner maintenant l'explication du
jaune Fleury qui est très-simple, et composé seulement de filandres serrées, se croisant, se suivant quelquefois ; c'est une multiplicité de veines dans lesquelles il n'y a d'opposition que par les tons ; on dis-
tingue cependant, malgré la quantité de veines, de
petits cailloux formés par l'arrangement que l'on
donne aux veines. Le nom que ce marbre porte, *jaune
Fleury*, indique assez qu'il doit être très-frais ; c'est
un marbre coquet, riche et qui plaît toujours ; aussi
est-on appelé souvent à le raccorder, soit en retours,
soit en plinthes ou en stylobates. C'est là qu'on peut
étudier ce marbre, qui fait très-bien encore dans de
petits panneaux, médaillons, accompagné d'autres
marbres. De même que les autres marbres, celui-ci a
plusieurs nuances de fond ; il faut, pour bien raccorder, chercher le fond toujours dans les tons les plus
clairs ; dans le cas contraire, on peut le faire sur un
ton de pierre très-frais, en ajoutant à l'ocre jaune et au
blanc, pour le rendre plus fin, une pointe de jaune
de chrome et une pointe de vermillon pour réchauffer
cette teinte. Disposez sur la palette une teinte composée d'ocre jaune, mélangée d'un peu de laque, du
blanc pour faire plus clair, en l'ajoutant par endroits
à la teinte, un peu de terre de Sienne calcinée, employée très-liquide en glacis, de manière à indiquer
simplement le ton et à former opposition, mais sans

mélange de blanc, car cela donne un ton sourd et sale.

On peut s'aider du pinceau à chiqueter en prenant de l'une ou l'autre des premières teintes, de préférence dans les plus claires, pour serrer un peu davantage et faire moins sec. Il faut traîner le pinceau en veinant, mais sans appuyer, de manière à ce qu'on ne puisse ni suivre le travail, ni compter les masses ou les veines ; faites écarter les poils du pinceau arrangés par petites touffes ; ce travail ne doit pas être raide. Quelquefois il faut onduler et tourner quelque peu le pinceau ; rattachez ce travail avec une brosse fine par des veines disposées comme nous l'avons expliqué plus haut ; faites quelques points blancs formant cailloux dans quelques places laissées dans les intervalles de quelques veines ; jetez comme par hasard quelques cassures blanches en travers du travail, mais en très-petite quantité. Ces veines, ainsi que les points, doivent être transparents. Ce marbre, quoique simple, est riche et coquet : il plaît beaucoup par la fraîcheur de ses tons ; il est d'une exécution facile, mais il faut raisonner la valeur et l'emploi des couleurs et la manière de bien placer les veines pour qu'il n'y ait rien d'embrouillé.

Marbre Henriette.

Les champs du lambris qui sont en marbre Henriette doivent comme cela est indiqué sur notre planche **23**, se faire sur un ton de pierre dans lequel on aura mélangé de la terre d'ombre.

On aura sur la palette une teinte composée de blanc de céruse et de terre d'ombre brûlée, du blanc de céruse et de terre d'ombre non mélangés, et enfin une teinte grise. On fera quelques parties déchiquetées par masses, soit en gris, soit avec la teinte mélangée de terre d'ombre, en réservant quelques parties sans rien pour le travail qui doit suivre. Il faut tracer quelques veines tortillées plus ou moins fortes par endroits et par masses avec la teinte la plus claire, en y mélangeant, lorsque l'on veut accentuer quelques parties, de la terre d'ombre ; on laisse sécher ; on prend pour terminer une brosse bien fine ou un pinceau ; on entoure la forme de la veine de l'ébauche avec une teinte rosée, ton qui s'obtient par le mélange du blanc et de l'ocre rouge, et, pour amener quelques oppositions dans ce genre de veines, qui doivent être très-fines, on emploie une teinte dorée composée d'ocre jaune et de blanc, mais on devra faire cette teinte assez soutenue pour pouvoir y mêler un peu de blanc par endroits ; on tracera ensuite quelques veines ou cassures blanches, mais en petite quantité et quelquefois un peu grisâtres.

Les champs et les doubles champs de panneaux, les uns en jaune fleuri, les autres en marbre blanc, doivent être tous deux très-calmes et d'un travail presque imperceptible. Pour donner du calme sans rien enlever à la valeur des panneaux, on emploiera le jaune fleuri sur un ton pierre très-frais, auquel on ajoutera une pointe de jaune de chrôme et de vermillon pour le rendre en même temps plus frais et plus chaud de ton. On fera ensuite une teinte composée d'ocre jaune, d'une pointe de laque et de blanc, mais cette teinte sera pour ainsi dire presque locale, nous en avons donné les raisons plus haut. Elle servira à dessiner de petites veines très-fines disposées par masses dans le sens voulu, mais il faudra ménager beaucoup de repos gradués, compris de manière à rendre le travail doux et agréable à l'œil.

Le double champ en marbre blanc devra se faire dans la pâte et presque blanc, car, le serancolin ayant aussi des tons gris frais qui peuvent se rencontrer près de ce champ, il y aurait nécessairement confusion. On fera quelques points d'une teinte grise et bien adoucis. Si l'on est appelé à faire du filage, on devra s'attacher, pour les repiqués, ombres, demi-teintes et clairs, à se mettre parfaitement dans le ton de la nature du marbre sur lequel on devra faire ce filage.

On le fait aussi sur un fond composé de blanc, d'o-cre jaune et de terre d'ombre brûlée; proportionner la teinte au degré que l'on désire obtenir. Quand le fond est sec, faire l'ébauche par de petites masses tortillonnées, en les opposant, plus ou moins fortes ou foncées, avec de la terre d'ombre brûlée, mettre ensuite quelques parties grises, laisser sécher cette ébauche, puis entourer les parties ébauchées ou tortillées, comme il a été dit plus haut, d'une teinte jaunâtre par endroits, rosée dans d'autres, et toujours de manière

3.

à former des masses. Dans l'ébauche on ne doit pas oublier d'ajouter quelques masses de chiquetés; faire ensuite quelques veines blanches.

Marbre jaune de Sienne fort.

Ces sortes de marbre, aussi bien que cette distribution peut être appropriée, servent le plus ordinairement pour salle à manger, pour vestibule ou pour escalier.

Pour toute la décoration en général, on devra bien soigner les fonds et les apprêts. Sur le plâtre, un enduit est à peu près indispensable. Ces marbres étant appelés à être vernis, le brillant apporté par l'enduit fait paraître toutes les imperfections, lorsqu'on n'a pas soigné les apprêts.

Le jaune doit être fait sur un ton de pierre. Le décor, pour bien faire, doit recevoir trois couches; mais ce marbre devant être fait dans la pâte, c'est-à-dire dans un glacis, on peut, si le peintre le juge convenable, économiser une couche.

La teinte de fond doit être sur ton pierre, comme il a été dit plus haut, et composée de blanc de céruse et d'ocre jaune détrempé à l'essence de térébenthine. On pourra mettre un peu d'huile de lin pour ne pas faire un fond maigre; on pourra aussi, pour faire sécher, si besoin est, employer le zumatique, ou la litharge, mais surtout pas d'huile grasse. Il ne faut pas

que le ton pierre soit trop foncé ; cela pourrait repous·
ser et foncer le travail.

Il faut d'abord tracer les panneaux selon la distribution que l'on aura adoptée ; puis, pour l'exécution
du décor, faire un glacis, c'est-à-dire une teinte légère, peu compacte, qui n'est pas destinée à couvrir,
mais bien à aider au travail, à fondre. On composera
ce glacis de blanc de céruse, quelque peu rosé, au
moyen d'une pointe de vermillon. Vous détremperez
le blanc et le vermillon à l'essence de térébenthine,
en y ajoutant une quantité d'huile de lin suffisante
pour que ce glacis soit moelleux, souple et facile à travailler. Disposez sur votre palette une teinte grise
pour les demi-teintes de l'ébauche, ainsi qu'une teinte
violette pour le même objet, composée de laque et de
blanc de céruse, et rendue violette par un peu de bleu
de Prusse. Vous pouvez aussi dans l'ébauche faire
quelques veines vertes, sans craindre d'accentuer.
Quand on finit, on a des dessous, des transparents et
le travail est moins sec.

Ce que nous venons d'expliquer concerne les veines
de l'ébauche ; il faut encore une teinte composée d'o-
cre jaune mélangée d'une pointe de jaune de chrôme
pour rendre le ton plus fin, mais sans aller jusqu'à la
teinte jaune d'œuf. On peut d'ailleurs la réchauffer
avec une pointe de vermillon.

Ayez aussi une teinte rosée, que vous obtiendrez
par un mélange de vermillon et de blanc de céruse ;
préparez dans le godet à palette, de l'essence de térébenthine et un peu d'huile de lin, puis, avec une

brosse de quart de pouce, dessinez les masses des veines de l'ébauche en vous servant des teintes que vous avez sur la palette; opposez-les entre elles, mais toujours par masses, dans chaque partie, comme forme et comme ton.

Ces masses ainsi dessinées et placées, n'opérez que sur un panneau à la fois ; remplissez les cailloux qui forment le fond, en le ménageant par endroits; faites-en quelques-uns plus ou moins foncés, quelques autres un peu rosés ; adoucissez le tout, toujours dans le sens de chaque chose, mais sans rien éteindre. Ayez une brosse plate très-douce, ménagez quelques parties plus accentuées ; laissez sécher l'ébauche avant de procéder à l'opération qui doit terminer le travail. Prenez pour faire le repiqué une brosse très-fine ; du reste, ceci n'est obligatoire qu'autant qu'on le juge commode, car on peut faire très-fin avec une brosse de moyenne grosseur.

Quand vous aurez, au moyen d'une brosse d'un pouce, pour adoucir et donner le transparent, fait des frottés avec les teintes qui ont servi pour le fond de l'ébauche, soit la teinte rose, soit la teinte jaune, soit le blanc de céruse, vous prendrez de l'une ou de l'autre teinte, violette ou grise, rendue plus vigoureuse par un mélange de noir ou de terre de Sienne brûlée, pour veiner comme nous l'avons dit plus haut. Vous comprenez que l'on ne doit jamais mettre une teinte foncée sur une teinte claire, cela fait sec et nuit à la transparence. Faites quelques veines avec la teinte composée d'ocre jaune en cailloutant et en formant

des masses ; adoucissez légèrement ; faites quelques
cassures jetées hardiment en travers du travail, les
unes lancées diagonalement, les autres verticalement,
les autres perpendiculairement. Toutes ces opérations
ont besoin d'être raisonnées et comprises pour que le
travail soit agréable à l'œil.

On peut quelquefois s'écarter un peu de la nature,
qui, elle-même d'ailleurs, a quelquefois ses bizarre-
ries, toujours belles parce qu'elles sont naturelles,
mais qu'il est permis de modifier en peinture.

Ce marbre doit être verni, mais on doit lui donner
d'abord le temps de bien durcir, pour éviter qu'un
vernis donné trop tôt ne casse ou ne faïence; du reste,
il faut éviter de faire trop gras, surtout dans les dernières opérations, les frottés, par exemple, qui doivent
se faire presque à l'essence.

Parlons maintenant de la frise en vert de mer.

Ce marbre se fait sur un fond parfaitement noir et
un peu brillant, car s'il était trop mat on lirait moins
facilement le travail, on verrait moins bien la couleur;
pour lui donner le brillant nécessaire, vous ajouterez
à l'essence qui sert à détremper de l'huile de lin et une
pointe d'huile grasse, qui, avec cette couleur, est employée utilement, n'ayant pas les mêmes conséquences
qu'avec d'autres teintes.

Quand le fond sera sec, vous procéderez à l'ébauche. Ayez sur votre palette une teinte verte composée de blanc de céruse, de bleu de Prusse, de jaune
de chrôme et d'ocre jaune ; afin que le ton ne soit ni
trop frais, ni trop criard, ayez aussi de la terre d'om-

bre brûlée, du blanc, de l'ocre jaune et une pointe d'ocre rouge.

Avec le pinceau à chiqueter, vous ferez quelques masses, tantôt en veinant en filandre, tantôt en chiquetant, puis, avec une brosse moyenne, vous relierez les masses établies, bien entendu, avec les teintes de la palette ; vous conserverez par endroits la teinte verte seule ; vous ferez quelques frottés dans de certains cailloux avec du rouge, mais à peine teinté; vous laisserez des parties calmes, tranquilles, pour opposer et donner de la valeur aux masses, en intervertissant dans chaque partie la forme, le sens et le genre de travail. Quand l'ébauche sera sèche, vous prendrez de la terre d'ombre brûlée, si vous n'avez pas de bitume, ce qui serait préférable, mais à son défaut, la terre d'ombre, employée très-liquide, suffira parfaitement, voire même, par endroits, un peu de terre de Sienne calcinée, mais extrêmement liquide, en glacis. Vous passerez le pinceau à chiqueter en travers de quelques masses, en veinant et en cristallisant pour donner de la transparence et terminer le travail ; vous ferez ensuite quelques veines blanches, soit en masses, soit en cassures verticales ou diagonales. Il ne faut pas que le blanc soit employé pur partout; on peut prendre avec la brosse un peu de jaune ou de terre de Sienne brûlée, sans les mêler complétement, en frottant la brosse sur la palette; cela fait moins sec et est plus coquet à l'œil.

Le filage indique des tables ou panneaux saillants. Le clair devra être donné du côté où viennent le jour,

la lumière. On devra s'attacher à ne pas le faire trop
blanc, mais on peut le teinter pour le mettre dans le
ton ; cependant il faut qu'il soit lisible et brillant, le
côté ombré doit être placé, naturellement, opposé au
jour, et composé d'un repiqué ou filet très-fin. Pour
le jaune de Sienne, on peut prendre de la terre de
Sienne brûlée, mélangée d'un peu de blanc et d'ocre
jaune, mais ne pas faire trop dur ; le repiqué doit former l'arête, le bord du panneau. Prenez ensuite une
teinte plus liquide pour former l'épaisseur réelle du
panneau, en proportionnant sa force à la saillie que vous
voudrez obtenir. Le coin du côté du clair, par exemple, doit être essuyé ou ménagé en onglet, du côté où
va l'ombre, de même pour le haut du panneau ; il y a
aussi, par suite de l'épaisseur du panneau une ombre
portée sur le champ ; cette ombre doit être très-liquide
et sans mélange de blanc. Pour ne pas faire sale et
conserver la transparence, vous prendrez de la terre
d'ombre naturelle ou du noir si vous le préférez, mais
très-liquide, car on ne doit faire que lire cette ombre.

Le filet d'épaisseur de la frise s'exécute de la manière suivante : faites sur le bord de la frise un repiqué noir, très-fin, pour redresser et aider à donner de
la saillie, proportionnez la largeur du filet d'épaisseur
à la hauteur de la frise. Quand vous aurez tracé ou
pointé ce filet, prenez du blanc de céruse légèrement
teinté de vert, pour ne pas faire trop criard, faites un
filet moyen, plus fort que le repiqué ; adoucissez, fondez, d'une manière parfaitement égale, ce filet, en
ménageant ce qui approche de l'arête. Pour arriver

plus facilement à ce résultat pour pouvez ajouter un peu d'huile.

Quand vous aurez terminé cette opération, vous passerez avec la même teinte un repiqué très-fin, pour indiquer l'arête, le bord de l'épaisseur, mais évitez surtout de faire trop criard. Il est de la plus haute importance d'étudier la valeur des tons et de l'objet que l'on veut reproduire. Cette planche se trouve dans notre Album, sous le n° 25.

Marbre jaune de Sienne.

Les panneaux en jaune de Sienne doivent être faits sur un ton de pierre. Si l'on veut obtenir une belle ceinture, on devra commencer par un enduit, afin d'avoir un fond parfaitement lisse. L'ébauche de ce marbre doit se faire dans un glacis, c'est-à-dire dans la pâte. On devra donc, pour exécuter ce travail, commencer par le glacis dont le nom seul indique qu'il s'agit d'une teinte peu compacte, dont la destination n'est pas de couvrir, mais seulement d'aider à fondre le travail de l'ébauche. Le glacis devra être légèrement rosé : on détrempera du blanc de céruse avec adjonction d'une pointe de vermillon, en y ajoutant de l'huile de lin en quantité suffisante pour que le glacis soit moelleux, ne tire pas en ébauchant et puisse se fondre. On fera sur la palette une teinte rose composée de blanc de céruse et de vermillon, une teinte

jaune frais composée de blanc, de jaune de chrôme,
et d'une pointe de vermillon assez réchauffée pour
éviter le ton jaune d'œuf, une teinte d'ocre jaune,
mélangée d'une pointe de chrôme, pour rafraîchir et
donner de la finesse à l'ocre qui manque quelquefois
de fraîcheur ; on ajoutera une teinte chaude de ton,
une teinte grise un peu vineuse, et, enfin, une teinte
composée de blanc et de laque rose ; il faudra aussi
avoir du blanc et du noir sur sa palette afin de pouvoir faire, en ébauchant, quelques oppositions au
moyen de tons plus vigoureux. Dans la formation des
masses, il ne faut pas craindre d'indiquer les vei-
nages assez vigoureusement, car ce travail est destiné à former des dessous transparents par le fini et
le reglaçage ; autrement le travail serait sec et per-
drait beaucoup de sa valeur. On prendra une brosse
moyenne, c'est-à-dire d'une moindre dimension que
la brosse un quart de pouce, en se servant soit de la
teinte grise, soit de la teinte vineuse, quelquefois des
deux ensemble, sans pour cela les mélanger entièrement, ce qui donnerait une teinte trop plate. On
dessinera ces masses, comme on peut le voir sur notre
planche, hardiment, en formant bien les cailloux et
sans raideur : on ménagera quelques parties de repos
simplement veinées, mais on devra éviter de se répéter ; quand on aura plusieurs parties à exécuter on ne
devra pas toujours adopter le même sens ; il faudra
faire des masses plus fortes et marquées plus vigoureusement. On devra, en ébauchant, disposer son
travail, en le raisonnant, de façon à se rendre

compte de la manière dont on devra le terminer, puis on fera les frottis. Pour faire les masses on se servira de la teinte vert-jaune la plus foncée pour tracer quelques cailloux, de manière à former une partie massée plus accentuée ; quelques-uns devront avoir une teinte rosée ; quelques-uns ne devront être remplis qu'à moitié, mais en adoucissant aux parties plus tranquilles ; on fera des frottis avec la teinte foncée, en cailloutant et en ménageant des parties du glacis rosé. La teinte plus claire et plus fraîche servira à former quelques oppositions de cailloux ou de masses.

On peut se rendre compte de nos observations en étudiant le travail de la planche n° 14 de notre **Album**.

On adoucira avec une brosse plate très-douce, et pour ne pas éteindre complètement le travail on fera fondre simplement chaque masse de cailloux dans son sens, en tenant plus fondues les parties où l'on doit avoir des repos. Le marbre jaune de Sienne doit être chaud de ton sans être trop rouge ; la teinte rose dont on se servira pour reglacer sur quelques masses, quand l'ébauche sera sèche, devra être d'un rose fort tendre, et la teinte jaune clair devra être employée extrêmement liquide, puisqu'elle est seulement destinée à la transparence. On prendra une brosse assez fine pour tracer de petits repiqués plus foncés et plus vigoureux sur les masses, mais il ne faudra pas les faire partout d'une teinte égale. On aura soin d'avoir sur la palette de la laque pure, du noir et un peu de terre de Sienne brûlée, dont on se servira pour former les repiqués, en n'oubliant pas que le travail doit être transparent, doux à l'œil, et former de petites masses cailloutées plus ou moins vigoureuses; ceci est affaire de goût et de raisonnement. On tracera ensuite quelques veines blanches jetées hardiment en faisant par endroits quelques cailloux par masses, et en adoucissant légèrement les veines dans leur sens. Avec les teintes dont nous avons conseillé l'emploi, on peut obtenir un travail très-transparent et très-frais de ton. Si l'on veut faire sécher, surtout aux parties de laque, on devra n'employer l'huile grasse que modérément. Le champ doit être vert-vert, quelquefois en vert campan, qui est à peu près de la même nature comme travail; dans ce dernier la différence de nom vient de ce qu'il offre des masses brunes qui ne se trouvent pas dans l'autre, et des masses de vert plus foncé.

On commencera par coucher le fond d'un vert d'eau très-clair, tirant plutôt sur le gris que sur le vert trop frais, résultat auquel on arrive en mettant une pointe de noir dans la teinte. On laisse sécher ce fond. Pour le travail qui suit, on doit avoir sur la palette une teinte composée de blanc de céruse, de bleu de Prusse et d'une pointe de chrôme; cette teinte devant être peu foncée, on y ajoutera un peu d'ocre jaune et une pointe de noir; on préparera également une teinte rosée composée de vermillon, de blanc de céruse et d'une pointe d'ocre jaune, mais très-tendre; on fera quelques frottis par masses en cailloutant par des points allongés, en ne s'attachant à la régularité que pour une seule masse tracée verticalement ou perpendiculairement, à volonté. On fera quelques frottis également par masses, en mélangeant un peu de blanc avec cette teinte ; d'autres parties devront se faire avec la teinte rosée de manière à former des oppositions, mais toujours sans se répéter et sans que l'on puisse compter les masses.

Quand l'ébauche sera sèche, vous prendrez une brosse fine ou un pinceau pour former le chaînage indiqué sur notre planche, en vous servant de la teinte verte plus foncée pour tracer ces chaînes par masses, en les disposant plus ou moins serrées et plus ou moins foncées. Vous devrez être sobre d'effets dans le travail de ce champ. On peut donner du calme et de la valeur aux panneaux en faisant très-doux, en traçant ensuite quelques petites veines blanches, en petite quantité, par la raison que nous avons donnée plus haut.

Le serancolin doit se faire, comme l'indique notre planche, sur fond gris très-clair. Ce marbre s'exécute dans un glacis, c'est-à-dire dans la pâte. Afin de pouvoir fondre l'ébauche, on fera ce glacis légèrement rosé, ce qui permettra de former, aux endroits ménagés dans cette intention, des parties de cailloux de la même teinte.

Ayez sur votre palette, pour exécuter le marbre tel qu'il est indiqué sur la planche, une teinte grise légèrement violacée par une pointe de laque, de l'ocre rouge, de l'ocre jaune et une pointe de vermillon. Dessinez ensuite, avec une brosse moyenne, comme nous avons dit plus haut, les masses destinées à former les dessous en vous servant des couleurs que vous avez sur la palette ; remplissez ensuite quelques

cailloux avec une teinte rosée par endroits et des gris
frais par masses, mais que tout ce travail soit fait
sans confusion, disposé d'une manière gracieuse et
agréable à l'œil, parfaitement raisonné dans l'emploi
des couleurs ; soyez prudent à l'endroit du vermillon
qui, employé seul et en trop grande quantité, nuit au
calme du travail et à sa transparence ; le trop vif de
cette couleur produirait d'ailleurs un effet désagréable.
Quand l'ébauche est sèche, vous repiquez quelques
parties plus vigoureusement en formant des masses
caillouées ; vous ménagez des repos, et vous faites
votre travail en en variant le sens dans chaque partie
que vous exécutez, sans qu'il y ait jamais d'opposition
trop marquée comme ton. Vous ferez aussi quelques
cassures ou veines blanches, quelques petits cailloux
blancs, mais transparents ; vous pourrez, pour donner du calme, faire quelques parties chiquetées sur
l'ébauche avec du blanc de zinc employé très-liquide,
et vous tracerez quelques cristallisés avec le même
pinceau à chiqueter que vous passerez en veinant
en travers de quelques veines plus ou moins accentuées de l'ébauche. Pour donner des dessous et ne
pas faire trop sec, on ne doit pas craindre de masser
par place plus ou moins vigoureusement.

Marbre blanc.

Le marbre blanc doit avoir reçu préalablement un
fond blanc. Ce marbre, comme le précédent, doit se

faire dans la pâte. On teintera le glacis que l'on doit employer avec une pointe de noir sans donner plus de valeur aux blancs que l'on mettra dans le travail, mais on remplacera l'huile de lin par l'huile blanche, afin d'éviter de faire jaunir, et l'on préparera sur la palette une teinte grise peu foncée. Du reste, tout ce travail doit être très-calme, pour ne pas détruire l'effet des panneaux jaune de Sienne et du serancolin. Le veinage que l'on aura fait devra être adouci soigneusement avec une brosse plate très-douce, en ménageant toutefois quelques oppositions comme travail et comme effets de vigueur. Quelques-unes de ces oppositions se feront au moyen de quelques frottis ou cailloux plus blancs, mais tout ce travail, nous le répétons, doit être très-calme.

Lorsqu'on devra vernir toute cette décoration, il faudra éviter d'employer un vernis susceptible de faire jaunir soit les marbres blancs, soit les autres marbres ; le vernis gras blanc à intérieur peut servir pour cette opération. Tous les apprêts doivent être l'objet du plus grand soin, et le décorateur doit éviter les épaisseurs autant qu'il lui sera possible, car, après le vernis, tous les défauts, soit de rebouchage soit d'enduit, produisent l'effet le plus désagréable à l'œil. Quand on fera le marbre blanc, on ne se servira pas d'huile grasse pour faire sécher ; on prendra du siccatif zumatique, en ayant soin de n'en prendre qu'une très-petite quantité.

Nous nous arrêterons à ces renseignements dans lesquels nous ne croyons avoir rien omis de ce qui concerne l'exécution de ces différents marbres.

Marbre Languedoc ou Rouge antique

Ce genre de marbre est classé parmi les marbres anciens. Il se rencontre fréquemment dans les églises, dans les anciennes habitations ou dans les grandes et vastes cheminées, en colonnes, etc., etc.

On fera, pour l'exécution de ce marbre, un fond rouge, quoique quelques personnes le fassent sur un fond gris, mais nous croyons le fond rouge bien préférable. Pour l'ébauche on doit placer les veines tortillées en se servant du blanc pur pour quelques-unes, quelquefois en y ajoutant un peu d'ocre jaune, et quelquefois enfin en se servant de la teinte grise. Formez alors dans le fond quelques oppositions en entourant les veines indiquées d'un peu de vermillon, d'un peu d'ocre jaune, quelquefois d'ocre rouge pur. Faites aussi quelques veines avec un peu d'ocre jaune, réchauffé de vermillon; entourez ensuite les veines tortillées avec du gris plus ou moins accentué, car il faut des oppositions de ton et des parties de repos. Il est bien entendu que l'on doit proportionner la force des veines à l'emplacement où devra figurer ce genre de marbre. Ne jetez les veines blanches ou cassures qu'autant que le reste du travail sera sec, le rouge et le vermillon sont quelquefois très-longs à sécher. Vous pourrez d'ailleurs employer un peu d'huile grasse, mais modérément. Vous devez connaître l'inconvénient qui résulterait si vous en mettiez trop.

Marbre Napoléon.

Le marbre Napoléon, représenté sur la planche portant le n° 8 de notre Album, doit être fait sur un ton de pierre auquel on ajoute un peu de terre d'ombre brûlée, de manière à obtenir un ton de pierre peu foncé.

Comme pour tous les marbres, bois et décors en général, il faut que les fonds, pour recevoir ce genre de travail, soient soignés, généralement sur trois couches ; cependant les marbres qui doivent se faire dans la pâte, c'est-à-dire dans un glacis, tel que le Napoléon et quelques autres marbres, s'exécutent dans des conditions un peu différentes, et dont nous donnerons l'explication en temps et lieu, car notre publication a pour but de donner la reproduction générale de tout ce qui est décors en bâtiments et peintures murales.

Le Napoléon s'exécute dans un glacis afin de pouvoir fondre les parties qui doivent, dans l'ébauche, être adoucies pour former les *dessous* qui sont ensuite repiqués par un petit travail, comme il est démontré sur les panneaux de la même planche. Ce travail ne se fait que lorsque l'ébauche est sèche ; elle doit être exécutée hardiment et formant des masses. Lorsqu'on a dessiné ces masses avec une brosse un quart de pouce, il faut, au moyen de quelques chiquetés par parties, faire des oppositions de cailloux, sans cependant que ces oppositions soient trop heurtées ; il faut les exécuter de manière à pouvoir, lorsqu'on veut terminer ce marbre, le reglacer ou repasser quelques chiquetés avec du blanc de céruse ou du blanc de zinc, pour former transparent. L'ébauche étant sèche, repasser sur les masses avec le chiquetoire quelques blancs bien liquides, en travers, sur quelques points de ces masses, pour cristalliser; tracer ensuite quelques petites veines fines plus ou moins foncées, en évitant de faire trop sec, ce qui est toujours désagréable à l'œil. — Plus les marbres sont transparents, plus ils plaisent.

Pour éviter la sécheresse de travail, il ne faut jamais repiquer sur les parties nues, mais se servir de l'ébauche, comme il a été dit plus haut. Pour former les masses, on dessine ensuite quelques veines ou cassures, pour se servir d'une expression technique, avec du blanc de céruse ou du blanc de zinc. Le liquide contenu dans le godet à palette doit être composé presque exclusivement d'essence, afin d'obtenir plus de transparence, le broyage des couleurs pour ce travail contenant assez d'huile. Cette précaution empêche en outre la faïence de se casser.

La palette est composée ainsi qu'il suit pour le marbre Napoléon : une teinte faite avec du blanc de céruse et un peu de terre d'ombre brûlée. Cette terre devant servir pour les masses, doit être proportionnée à ce que l'on veut exécuter. — Une seconde teinte un peu plus foncée servira pour le veinage, mais toujours composée avec les mêmes matières ; une teinte d'un gris frais, ensuite une teinte légèrement rosée, destinée seulement à quelques parties. Pour terminer ce

4

marbre, il faut un peu de terre d'ombre pure sur la palette, un peu de terre de Sienne brûlée, du blanc, de l'ocre jaune, en observant toujours de se maintenir strictement dans le sentiment de notre planche.

Le glacis dont on doit se servir pour l'ébauche de ce marbre doit être assez clair et peu compact, afin de ne pas nuire au travail, car il n'a pas pour but de couvrir, mais seulement d'aider à fondre, le fond se composant, comme il a été dit plus haut, de couleur de pierre teintée avec un peu de terre d'ombre.

Le filage représentant une table saillante, le clair doit être composé de blanc légèrement teinté comme le fond; pour ne pas faire trop criard, il sera bon de le mettre du côté où l'on prend le jour, en plaçant l'ombre du côté opposé, avec de la terre d'ombre employée de manière à ce que la saillie soit bien visible sans être trop dure.

La manière simple et bien expliquée que nous donnons sera utile à l'exécution de ce marbre qui réussit admirablement pour escalier ou vestibule, sur panneaux ou sur dalles.

Marbre Napoléon clair.

Les marbres Napoléon doivent se faire sur un fond de pierre dans lequel on aura mis un peu de terre d'ombre. Ce marbre devant être adouci et fondu doit se faire dans la pâte, c'est-à-dire dans un glacis. On ne sera donc pas obligé de donner la teinte juste à chaque couche; la dernière et le glacis décideront de tout.

La teinte du glacis doit être proportionnée au travail, et appropriée à la place où l'on aura à exécuter ce travail. Le champ du panneau de notre planche n° 27, par exemple, doit être convenablement soutenu en proportion du panneau qui est assez vigoureux et qui se détache déjà de lui-même par sa nature. Du reste, le champ doit être calme, pour donner du repos à l'œil et ne pas faire confusion, car le panneau est assez travaillé.

Le champ ne se compose guère que de chiquetés. Il faut donc avoir sur la palette une teinte composée de blanc de céruse et de terre d'ombre naturelle; vous aurez aussi de la terre d'ombre sans être mélangée et une pointe de terre de Sienne calcinée, pour réchauffer par endroits et former des repiqués, comme il va être expliqué, avec le pinceau à chiqueter.

Vous disposerez quelques masses de chiquetés ou pointillés, sans chercher à former des points égaux, comme dans le granit, ou proprement dit, chiqueté sur un ou plusieurs tons; vous appuierez même sur le pinceau plus ou moins, par endroits, vous laisserez des parties tranquilles pour faire opposition, et vous rattacherez quelques-unes de ces masses avec la brosse qui vous paraîtra convenable à cet effet, en veinant, en faisant également quelques veines tortillonnées par masses et en opposition des chiquetés, qui sont destinés à donner également des repos.

Vous devrez encore mettre quelques chiquetés blancs

par endroits et même par dessus les chiquetés de terre
d'ombre, pour cristalliser et donner du transparent ;
adoucissez ensuite avec une brosse plate très-douce,
telle que celle employée pour le blanc de zinc, mais
légèrement, sans éteindre le travail complétement et en
ménageant quelques parties sans y toucher ; faire ensuite
quelques points blancs sur quelques masses avec une
petite brosse, et lancer quelques veines ou cassures
blanches en travers ou diagonalement, mais peu, puisque nous avons dit qu'il fallait faire valoir le panneau
par le calme du champ.

Vous ferez, en quelques endroits seulement, avec
une brosse fine, quelques petits repiqués en veines
tortillées par masses, avec de la terre de Sienne brûlée ou calcinée, mais employée peu compacte, c'est-
à-dire presque liquide, de manière à ne pas trancher
trop vif. Vous pourrez mêler un peu d'ocre jaune,
vous aurez soin de bien marquer les coupes qui indi-
quent l'assemblage des morceaux de marbres, soit
par l'opposition du travail, soit par l'opposition de
ton. Vous laisserez sécher complétement avant de
vernir.

Le double champ de Napoléon peut être fait en
marbre dit statuaire : il se compose simplement de
quelques points jetés par petites masses légères et
peu marquées, bien adoucies, ainsi que de quelques
petites veines, le tout presque imperceptible. Ce
champ est considéré comme un simple accessoire,
ainsi que le filet que l'on est libre, si le panneau se
trouve sur une partie nue et dépourvue d'encadrement,

de faire de telle ou telle couleur que l'on jugera convenable pour découper et harmoniser l'ensemble du travail.

Marbre Onyx.

Le marbre Onyx est une espèce d'agathe, pierre précieuse. Son nom lui vient de ses tons excessivement frais, dans les teintes rosées pâles, se rapprochant de la teinte de l'ongle et d'une grande transparence.

Pour l'exécution, le fond devra être blanc, ainsi que le glacis, puisque, comme pour les agathes, le travail doit être fait dans la pâte. Ce glacis, disons-nous, devant être quelque peu rosé, il faudra faire la même ébauche que pour les agathes, en se maintenant toujours dans le ton que nous avons indiqué plus haut, en réservant, bien entendu, quelques parties plus vigoureuses, plus accentuées. Nous ferons remarquer que la teinte rose ne doit pas être franche ; on devra donc mélanger sur la palette, avec cette teinte, une pointe d'ocre jaune ; on emploiera aussi du jaune de Naples pour quelques parties. Mais il ne faut pas oublier que l'Onyx doit être d'une grande fraîcheur et très-tendre de ton.

Nous conseillons, pour terminer, de prendre du blanc de zinc broyé à l'huile blanche, afin de faire bien transparent et cristalliser. Ce marbre convient parfaitement en petites parties médaillons, en petits

4.

panneaux, qui se trouvent quelquefois dans une distribution d'ensemble de marbres.

Marbre Portor.

Ce marbre, d'un fond noir, est nommé Portor, parce
que la majeure partie des veines de ce marbre imitent
l'or. Ce marbre se fait pour socles, stylobates, frises, même pour panneaux.

On devra, pour qu'il soit réussi parfaitement, de
manière à aider le décorateur, bien apprêter le fond,
qui doit être parfaitement lisse et bien poncé. Le
fond sera d'un noir pur, et la teinte devra être brillante, afin qu'en exécutant le travail, les teintes ne
s'enterrent pas. On est souvent obligé, pour donner le
brillant nécessaire, de détremper le noir avec un peu
d'huile grasse mélangée d'huile de lin, mais nous recommandons une grande prudence dans l'emploi de
l'huile grasse, afin d'éviter de faire *clocher* ou *faïencer*.
Il est bien entendu que l'essence de térébenthine doit
entrer aussi dans la détrempe. Nous croyons devoir
faire ces recommandations, qui peuvent éviter de
grands désagréments aux entrepreneurs et même aux
décorateurs.

Quand on doit donner plusieurs couches, on emploie la teinte seulement en glacis, afin de donner
moins d'épaisseur, et, partant, moins de prise à faire
lever ou casser la peinture. A l'intérieur, on a moins
à redouter ces désagréments; c'est donc surtout à

l'extérieur qu'il faut prendre plus de précautions, et laisser toujours bien durcir chaque couche, avant d'en donner une autre, même pour exécuter les décors et surtout pour vernir.

Pour exécuter le décor, on chargera la palette de la manière suivante : les couleurs devront être parfaitement broyées ; on fera une teinte ton d'or et l'on mélangera, avec le couteau à palette, de l'ocre jaune avec une pointe de jaune de chrôme, en évitant de faire cette teinte criarde, c'est-à-dire trop vive. Lorsque, dans certaines parties, on voudra faire quelques veines plus claires, comme on aura du blanc sur la palette, on en mélangera avec le pinceau dont on se servira comme il va être expliqué. Pour éviter de donner à cette teinte un ton trop jaune, on pourra y ajouter une pointe de vermillon ; on fera *une teinte rose*, composée de blanc et de vermillon, sans porter le rose à une nuance trop rouge, c'est-à-dire en modérant la quantité de vermillon. Cette teinte ne s'emploiera seule qu'en parties très-modérées ; on la mélangera, pour certaines masses, soit avec la teinte ton d'or, soit avec le blanc ou même avec la terre de Sienne *calcinée*, que l'on aura également sur la palette. Ces teintes sont pour le veinage, pour les demi-teintes qui doivent accompagner les veines, et former, conjointement avec le noir du fond, des oppositions de tons. On aura du blanc de céruse, du noir, de l'ocre jaune et de l'ocre rouge ou un peu de *Van Dick*. Les teintes, ainsi que le blanc servant au veinage, doivent être *conservées* très-*fraîches ;* on devra donc éviter tout contact en les employant.

Dans la nature, il peut arriver qu'il se rencontre certaines parties pour ainsi dire sales de ton, et même peu agréables à l'œil ; en peinture, sans trop s'écarter du vrai, on peut arriver à rendre tout le travail *coquet*. Cela dépend de l'exécution et de la manière dont on comprend l'emploi des couleurs.

Les veines du Portor ont quelque analogie avec celles du Sainte-Anne ; seulement, elles sont plus allongées et par masses ou chaînes suivies. On doit s'attacher surtout à les rendre gracieuses de formes. Ainsi, par exemple, vous commencez une masse un peu forte ; vous rattachez cette masse par de petites chaînes ou veines plus petites formant des cailloux triangulaires ; mais ces cailloux, quoique ayant tous la même forme, ne doivent pas être parfaitement réguliers : ils doivent être les uns plus allongés que les autres, inclinés de telle ou telle manière, selon la forme et la manière dont on aura jeté son veinage ; il faut laisser entre chaque masse des repos, des oppositions réservées pour placer les demi-teintes, rattacher quelques veines aux filandres, qui devront dessiner, dans les repos ménagés, soit en cassure, soit en les ondulant, la forme des masses. — On doit éviter avec soin la raideur dans le travail de ce marbre ; les veines doivent être jetées hardiment, par masses allongées et ondulées d'une manière gracieuse, comme nous l'avons dit : il faut non-seulement raisonner l'emploi des couleurs, comme nous l'avons expliqué plus haut, mais aussi raisonner la forme, le ton et la force des veines ; ne pas faire de confusion de veinage, laisser des parties cal-

mes pour faire valoir les autres parties, éviter de faire
trop *criard*, ce qui n'est pas nécessaire. On peut,
pour donner de la fraîcheur au travail, n'employer les
teintes que l'on a sur sa palette, seules, que prudem-
ment et rattachées, comme nous l'avons expliqué,
avec les unes ou les autres teintes. Pour rendre ce
travail plus gracieux, plus moelleux, nous conseillons
de prendre un pinceau d'une force proportionnée au
travail que l'on devra exécuter; la brosse, pour ce travail n'est pas assez souple et rend l'exécution moins
facile.

Dans les parties où l'on ne voudra pas faire de
masses veinées, on se servira du pinceau à chiqueter
pour faire quelques trainées ou quelques chiquetés
gris, non pas d'un gris frais ni trop voyant, mais d'un
gris roussâtre. On prendra avec ce pinceau du noir,
du blanc, de l'ocre jaune et un peu de rouge, et, en
veinant, on fera passer quelques cassures ou veines
pardessus ce travail, de manière à ce qu'il forme lui-
même les masses tranquilles; mais, nous l'avons déjà
dit, ce travail doit être allongé, tout en étant ondulé
gracieusement. On n'est pas forcé, si l'on a plusieurs
parties à faire, de donner à toutes le même sens; ceci
est affaire de raisonnement. Il faut éviter les choses
heurtées en travail et en tons; dans les parties de veinage où il y a des repos, des cailloux, on se servira
d'une brosse moyenne pour passer les demi-teintes
en épousant la forme des cailloux et en ménageant autour le noir du fond. Il est bien entendu que ces demi-
teintes ne doivent pas être égales de ton; elles doivent

s'opposer entre elles et toujours dans les tons donnés pour le chiqueté plus ou moins clair ou foncé; on fera même bien de laisser quelques petites masses sans rien. On peut, si on le juge à propos, laisser sécher avant de jeter les veines blanches qui doivent, pour la plupart, être jetées en cassures en travers du travail, quelques-unes, d'un blanc pur, d'autres avec un peu de rose ou de jaune; mais on évitera, en prenant avec la brosse l'une et l'autre de ces teintes, de les mélanger complétement, afin de former une veine mi-partie blanche et mi-partie grise, jaune ou rose; ceci donne du transparent.

On ne devra pas prodiguer les veines blanches, pour éviter de *tirer l'œil*, et, nous le répétons, il faut les jeter hardiment, afin d'éviter la confusion.

Ce marbre se fait sur un fond noir pur, avec de la terre de Sienne brûlée, de l'ocre jaune, du rose composé de brun Van-Dick et de blanc. Dans ce marbre, pour le veinage, on doit, avec ces teintes et du blanc de céruse que l'on aura sur la palette, faire des oppositions de masses dans le travail et dans les tons. Quand les veines sont faites, on met des demi-teintes grises, peu voyantes, rendues quelquefois verdâtres par le mélange de noir et d'ocre jaune; on en met aussi quelques-unes faites avec du Van-Dick et de la teinte grise; on dispose ensuite quelques veines ou cassures et quelques points blancs, mais sobrement. Il faut avoir la précaution de ne pas faire ce marbre trop criard ni trop cru de ton.

Marbre rance.

Les panneaux en marbre rance peuvent se faire sur un fond gris clair ou sur un fond rose. On peut choisir l'un ou l'autre, car tous les deux forment fond, en terme de peinture, mais toujours dans les tons clairs. On doit toujours commencer par des apprêts extrêmement soignés, sur enduit, par exemple, et après trois couches, ce marbre se faisant sans glacis et à sec.

Chargez la palette des quatre couleurs, c'est-à-dire, blanc de céruse, noir broyé à l'huile, ocre rouge, ocre jaune. Avec le pinceau à chiqueter, faites quelques traînées, soit de jaune, soit d'une teinte rosée, pour former des teintes transparentes. Vous devez comprendre que la teinte générale de ce marbre a des parties chiquetées très-prononcées. Aussi, pour éviter la profusion de couleurs, nous conseillons un fond gris, ce qui permettra de revenir avec les teintes qui sont indiquées sur la planche.

L'ébauche de ce marbre doit être sèche pour être terminée. On se servira des mêmes teintes que pour l'ébauche avec une brosse à repiquer, et même avec le pinceau à chiqueter. On fera des veines assez accentuées, chacune dans sa teinte, quelques-unes brillantes de ton, par le moyen du blanc de céruse, de l'ocre jaune et d'une pointe de rouge.

Lancez ensuite des veines blanches ou cassures en travers du travail; repiquez-en quelques-unes avec des veines plus foncées, soit en rose, en rouge ou en gris. Évitez avec soin de vous servir, dans le godet à palette, d'huile grasse pour faire sécher.

Les pilastres en serencolin doivent être faits dans un glacis ou dans la pâte, selon l'expression usitée en peinture. En conséquence, on devra coucher le fond presque blanc, le glacis dont on aura à se servir devant être rosé et composé d'une pointe de vermillon et de chrôme.

Dessinez les veines de votre ébauche de manière à ce que le gris domine, et formez des cailloux rosés très-frais : adoucissez légèrement sans éteindre le travail. Quand l'ébauche sera sèche, faites quelques repiqués bien fins et transparents, avec du vermillon mélangé d'un peu de jaune et de blanc de céruse, puis quelques repiqués de gris ; mais ces gris ne doivent pas être trop frais par endroits : il doit y exister des tons laqueux. Par conséquent, vous devez avoir sur la palette un peu de laque ou un peu de Van-Dick. Les tons, sans être ternes, ne doivent pas non plus être trop frais ; faites quelques glacis avec le pinceau à chiqueter et du blanc de zinc pour cristalliser ; mais ce dernier travail doit être très-limpide et presqu'à l'essence ; faites ensuite quelques cailloux blancs cristallisés, enfin des oppositions de tons, et terminez par quelques cassures de veines blanches en travers du travail.

Les marbres de la frise en brèche savoyarde sont faits sur une teinte chaude de ton, composée d'ocre jaune, de blanc de céruse et d'une pointe de vermillon.

Vous ferez ensuite les cailloux par masses, comme ils sont indiqués sur la planche. Ces cailloux doivent être faits avec de la terre d'ombre, du noir de charbon et du blanc de céruse; évitez l'emploi de l'huile grasse qui a l'inconvénient très-grave de faire clocher ou faïencer.

Les marbres servant de piédestaux aux pilastres sont faits sur une teinte rosée, et ébauchés dans la pâte. Prenez, en conséquence, pour former les veines tortillonnées, de l'ocre rouge, du jaune et une pointe de noir; faites ensuite quelques repiqués par masses avec une brosse très-fine, puis quelques cassures blanches en travers du travail déjà fait. Ne prenez pas du blanc trop pur, afin de nuancer ou de cristalliser.

Si vous avez à exécuter le filage de notre planche (elle porte le n° 23 de notre Album), vous devrez adopter un côté pour éclairer, ou porter les ombres; vous ne ferez jamais des clairs trop vifs, et vous aurez soin de faire des ombres très-transparentes et très-propres de ton.

On usera, pour le filage, des moyens que nous avons indiqués plus haut.

Pour le marbre rance, nous vous dirons d'abord que quelques personnes l'exécutent sur un fond gris, d'autres sur un fond ton de bois foncé ou brun clair.

Cela dépend, du reste, de la manière de voir de l'exécutant.

Chacun de ces fonds est également bon, puisque dans ce marbre il entre et du gris et du brun.

On aura des quatre couleurs sur la palette, c'est-à-dire du blanc de céruse, de l'ocre rouge, de l'ocre jaune et du noir de charbon. Ces quatre couleurs suffisent pour exécuter le marbre rance. Avec le pinceau à chiqueter ou une brosse assez forte, d'un quart de pouce, par exemple, on forme des masses grises ; mais, comme l'ébauche doit être faite largement, il ne faut pas que la partie dominante de ce gris soit tout à fait d'un gris frais. On prendra donc du blanc, du noir et une pointe de jaune, mais sans les mélanger d'une manière parfaitement égale, car il faut que cela veine et cristallise en l'appliquant. On fera, en conséquence, quelques parties où le blanc sera un peu plus indiqué, et l'on entourera ces parties d'un gris plus foncé ; on fera ensuite quelques chiquetés par masses plus ou moins grises, ou plus fraîches et plus blanches, sans s'attacher à un chiqueté trop égal ; on appuiera plus ou moins sur le pinceau pour faire plus ou moins serré ; on tracera avec la brosse quelques veines grises plus fines et en cassures, puis on prendra avec le pinceau du rouge, du jaune et du noir ; on s'en servira pour faire des chiquetés sur les chiquetés gris ; pour les entourer on traînera le pinceau en épousant la forme autour des veines grises ébauchées largement. Ces deux genres de travail doivent être plus ou moins foncés, plus ou moins frais. Ainsi quelques masses se feront avec du blanc, du jaune et du rouge, afin d'obtenir quelques tons frais et légèrement rosés ; d'autres se feront accentuées plus vigoureusement ou très-foncées, mais toujours en ménageant des repos et des oppositions, sans qu'il y ait rien de heurté.

L'ébauche étant sèche, vous ferez des veines blanches et quelques cailloux bien frais, puis, avec un mélange de blanc et d'ocre jaune, vous tracerez quelques veines fines de cette même teinte, ainsi que des cassures ou des veines plus indiquées et jetées hardiment, mais toujours par masses. On doit toujours raisonner son travail de manière à ce qu'il n'y ait pas de confusion, et à ce que le résultat soit agréable à l'œil. On doit sans doute chercher à se rapprocher de la nature, mais le peintre, sans trop s'écarter de la vérité, doit aussi arranger son travail en se conformant à la proportion et à la distribution des lieux, ainsi qu'aux différentes natures de bois ou de marbres sur lesquels il opère.

Marbre Royal.

On a souvent occasion d'avoir à exécuter ce marbre, qui fait bien comme chambranle de cheminées, colonnes ou frises. Dans les anciennes églises, dans les anciens châteaux même, à Versailles, à Fontainebleau, à Compiègne, etc., etc., on en voit de très-jolies parties, en colonnes, en panneaux, ainsi que dans ces vastes et belles cheminées d'autrefois. De nos jours, ce marbre est encore employé souvent dans un salon pour chambranle de cheminée. Il est riche et distingué, comme l'indique sa dénomination de royal. Il s'exécute principalement pour les retours ou cortières de cheminées, ainsi que pour les plinthes ou stilobates des pièces où se trouvent des chambranles ; il s'exécute aussi en frise pour escaliers.

Quelques décorateurs ont l'habitude de faire ce marbre sur un fond gris pris dans les veines grises les plus claires ; d'autres choisissent dans les teintes rouges ou rosées les plus claires ; d'autres dans les plus foncées. Cela dépend de la manière dont on comprend son travail : tous les moyens sont bons, pourvu que l'on réussisse. On doit cependant toujours chercher les moyens d'exécution les plus prompts.

Pour bien réussir ce marbre, on devra en faire une ébauche, ayant à y ajouter, pour terminer, des blancs frais et d'autres teintes fraiches de tons.

Nous allons traiter notre explication comme si l'on exécutait sur un fond gris clair. Il faut éviter la teinte bleue que produit quelquefois le noir avec le blanc.

Ayez sur la palette des quatre couleurs, c'est-à-dire du blanc de céruse, de l'ocre jaune, de l'ocre rouge, et, dans le godet à palette, de l'essence de térébenthine, un peu d'huile de lin et une pointe d'huile grasse, mais très-peu, car il n'en faut mettre que juste pour aider à sécher. Pour l'ébauche, on n'a presque que des chiquetés à faire, sauf quelques masses grises, plus ou moins claires, quelquefois teintées d'une pointe d'ocre jaune, pour faire moins frais et moins cru.

On ne devra chercher à exécuter ce marbre seul, ainsi que les autres, autant que possible, qu'après avoir étudié sérieusement la nature, soit en raccordant ou en copiant même. On devra s'attacher à bien rendre les tons, le genre de veines, la manière dont elles sont groupées. Nous donnons la progression à suivre pour aider et rendre l'étude et le travail plus facile à la personne qui serait appelée à exécuter ce marbre. On devra remarquer que les masses grises sont presque toujours entourées d'une teinte plus foncée, et même quelquefois en ondulant dans l'intérieur de la veine. Faire cette opération de suite. Nous ne croyons pas avoir besoin de donner la grosseur ni la forme des brosses, cela se voit et dépend de ce que l'on veut exécuter. Quoique le fond soit gris, on fera quelques parties chiquetées avec du blanc quelque peu teinté de noir, puis quelques parties presque noires, surtout les endroits qui avoisinent les masses grises déjà faites et que l'on ménagera. Il y a une manière de prendre les teintes avec le chiquetoir pour ne pas faire une teinte toute noire ou toute grise : on peut nuancer et ne pas faire des chiquetés égaux. Quelquefois on appuie davantage, quelquefois on tortille le pinceau, quelquefois même on le traîne quelque peu, mais sans qu'il y ait rien de raide.

On agit de la même manière pour les autres tons. On ne devra pas, bien entendu, mettre de ces chiquetés gris dans toute la partie, mais bien par masses, car il faut que le fond joue son rôle par dessus les teintes qui vont être expliquées : si l'on a, soit une frise, soit un stilobate, plinthes, ou enfin plusieurs parties à faire, on commencera par tous les tons gris, pour leur donner le temps de prendre avant de passer aux autres, sans quoi l'on aurait des tons sales, ou bien il faudrait deux chiquetoirs, les teintes grises ne pouvant que salir les autres ; après ce travail, vous passerez aux autres teintes qui doivent être arrangées par masses de tons ; cela regarde encore le chiquetoir. C'est pourquoi nous conseillons un pinceau de moyenne force, afin de pouvoir le mener facilement, le tortiller et vous en servir quelquefois comme d'une brosse. Nous avons dit que ce marbre se faisait avec les quatre couleurs ; c'est donc avec elles, et par leur mélange, que l'on devra trouver les teintes plus ou moins claires, conserver les couleurs bien propres quoiqu'en les mélangeant. Il faut faire attention surtout, si l'on est appelé quelquefois à mélanger du noir avec le rouge ou d'autres couleurs, d'éviter d'arriver à un ton sale. Dans la décoration, il faut le plus grand soin et la plus grande propreté. On voit quelquefois des personnes réussir par des moyens irréguliers, tout à fait en dehors des règles. Mais il ne faut pas s'en rapporter à cela, et le mieux est toujours de suivre les prescriptions dont une longue expérience a démontré la justesse. Une des choses les plus importantes, suivant nous, c'est la propreté des couleurs, afin que le travail ait une grande fraîcheur de tons, du cachet, enfin. On devra faire attention aussi que les chiquetés rouges ou rosés passent par dessus les chiquetés gris ; c'est là qu'il faut bien prendre garde de ne rien brouiller. On devra, du reste, chiqueter moins serré, se servir du pinceau à chiqueter comme nous l'avons dit plus haut, laisser sécher l'ébauche, et, pour finir, on aura sur la palette du blanc propre et des quatre couleurs bien propres également ; puis, avec une brosse que l'on jugera convenable pour cet usage, on jettera les veines blanches, et si l'on est obligé de raccorder, on suivra avec soin tous les caprices et les originalités de la partie dont on aura à faire le raccord.

On remarquera aussi que les veines blanches ont parfois une petite teinte rosée, ou même quelquefois tirant un peu sur l'ivoire, mais tout cela frais de ton. Le blanc seul ne réunirait pas les conditions convenables ; il serait trop criard. Aussi, lorsque l'on aura ce marbre à faire isolément, on devra être sobre de blanc, laisser des parties de repos, veiner souvent en veines fines, ou filandres, ou cassures, faire quelques pointillés avec le blanc, même quelques points ou tortillons gris, et aussi quelques points roses frais.

Si l'on adopte un autre fond, nous avons expliqué le moyen de le *traîner;* les moyens sont les mêmes pour l'exécution, et l'on suivra la même progression.

Marbre Sainte-Anne.

Le marbre Sainte-Anne, dont nous allons donner la description, se fait assez souvent, en peinture, comme raccords, soit que l'on ait des côtés de cheminées, des plinthes ou stilobates à raccorder. Ce marbre est de plusieurs espèces : il y a le Sainte-Anne de Belgique, le Sainte-Anne de Paris et le Bourbonnais, qui rentre dans la même catégorie. Du reste, comme nous l'avons dit, ces marbres sont presque toujours en raccords. Pourtant il se peut que l'on soit appelé à en exécuter isolément, par exemple en frise de devanture. Dans ce cas, n'ayant pas à copier, on choisit la plus belle nature, et l'on arrange son travail le plus coquettement possible, comme ton et comme masses. Le Sainte-Anne, sauf la couleur, est la clé des autres marbres : il forme la main. Les commençants doivent donc s'y exercer, afin de se donner de la hardiesse pour bien jeter le veinage.

Quelques personnes se servent de pochoirs, c'est-à-dire de papier découpé et calqué sur la nature même, n'ayant pas d'autres moyens. Nous ne conseillons pas ce système : il y a d'abord trop de répétitions, il faut ensuite rattacher les masses, etc., etc. Selon nous, au point de vue artistique, la main seule doit tout faire. Le marbre Sainte-Anne est assez répandu pour qu'on puisse l'étudier facilement, le copier, s'exercer enfin. Le Bourbonnais n'a ni les mêmes tons, ni le même genre de veine; mais quand on sait faire le marbre Sainte-Anne, le Bourbonnais n'offre aucune difficulté.

Quelques personnes font chacun de ces marbres sur fond gris, mais il se trouve parfois qu'il est trop frais, trop bleu; nous conseillons un fond noir, pur et assez brillant, afin de pouvoir bien lire son travail. D'ailleurs, on pourrait être obligé d'en rapporter. Ensuite il y a les demi-teintes que l'on passe, après le veinage fait, pour rappeler dans le ton ce que l'on aura à raccorder.

Comme nous l'avons dit, le marbre Sainte-Anne est la clé des autres marbres; quoique ayant le moins de coloris, quoique étant, dirons-nous, le plus commun, il n'est pas le plus facile à faire. C'est pourquoi nous conseillons de s'exercer beaucoup. On peut pour cela, et afin que ces exercices soient moins onéreux, peindre à l'huile un carton ou une planche en noir, et, avec du blanc d'Espagne détrempé simplement à l'eau, jeter, avec une petite brosse ou un pinceau, les masses comme nous l'avons dit. On est à même d'en voir souvent. On peut choisir, pour s'exercer, une belle nature, où les veines soient bien lisibles. Par le moyen que nous donnons, on a la ressource d'effacer et de recommencer. Il faut en outre, et c'est de rigueur, imiter la nature ; mais, cependant, lorsqu'on se sent capable de *marcher seul*, et que l'on peut éviter de se répéter, il faut veiner, opposer telle ou telle partie que l'on aura à exécuter. On est toujours disposé à adopter une pente quelconque, c'est-à-dire à se faire un genre. Il faut y prendre garde et surtout éviter la routine, car on doit toujours chercher à mieux faire et à se perfectionner. Le décor est une étude de chaque jour, et quiconque en a le goût y trouve un délassement plutôt qu'une fatigue.

Le fond étant sec et préparé en noir, comme nous l'avons dit plus haut, on aura sur la palette du blanc de céruse broyé à l'huile, du noir de charbon, de l'ocre jaune, de l'ocre rouge ; pour liquide, dans le godet à palette, de l'essence de térébenthine, un peu d'huile de lin, et, pour faire sécher, un pointe d'huile grasse.

Avant de commencer le veinage, on fera quelques chiquetés gris par masses, et, dans les parties où l'on aura l'intention de laisser des repos, on mélangera, avec le *chiquetoir*, du blanc de céruse, du noir, un peu de jaune et de rouge pour ne pas faire trop frais. Ces chiquetés ne doivent pas former un ton uniforme; ils doivent être plus ou moins serrés et plus ou moins gris ou foncés ; il ne faut pas se servir de l'instrument comme si l'on faisait un granit où tous les points doivent être égaux, mais il faut appuyer, pour l'effet, plus ou moins sur le pinceau. Cette opération étant terminée, commencez le veinage, qui se fait avec une petite brosse, ou, ce qui est préférable, avec un pinceau en martre, qui est beaucoup plus souple et plus facile à conduire.

Prenez avec ce pinceau du blanc et commencez le chaînage ou le veinage du marbre Sainte-Anne ; il est bien entendu que ces veines doivent être quelquefois plus fines par parties, quelquefois plus fortes et plus accentuées. Vous mélangerez avec le blanc un peu d'ocre jaune pour ne pas faire toujours trop blanc ; dans les parties chiquetées, vous ferez passer quelques cassures et quelques points, en évitant de faire trop criard ou d'embrouiller les veines qui doivent être bien nettes, bien rattachées entre elles et former de petits cailloux bien massés.

Le marbre Sainte-Anne peut être trouvé long; mais pour celui qui sait le comprendre, il est assez agréable à exécuter.

Le veinage étant fait, passez aux demi-teintes qui

doivent former le fond du marbre. Il est bien entendu que si l'on a à raccorder, ce sont ces demi-teintes qui doivent amener ce résultat, puisque vous avez fait les veines dans les mêmes formes et le même genre que celles qu'il s'agit d'imiter. Ces demi-teintes se font par le mélange du blanc, du noir, de l'ocre jaune et du rouge. On fait ce mélange en prenant la couleur avec une brosse moyenne, afin de pouvoir la tourner avec facilité.

Placez donc de cette teinte dans les parties restées vides ici, en ondulant légèrement ; dans les cailloux plus petits, en faisant seulement des points. Copier du reste sur la nature.

Nous indiquons les moyens et les couleurs à employer, qui sont absolument les mêmes pour ces marbres que pour ceux dont nous nous sommes occupés dans nos précédents chapitres.

Comme il est extrêmement rare que l'on demande du Bourbonnais seul ou de ces Sainte-Anne *bâtards*, ce n'est qu'une simple copie à faire pour raccorder dans le même *sentiment*.

Marbre Serancolin.

Pour exécuter les grands panneaux en serancolin, il faut, si l'on veut arriver à un travail parfait, bien apprêter les fonds qui doivent recevoir toute la décoration. On obtient le brillant et le poli du marbre en enduisant et en ponçant bien chaque fois que l'on donne une couche.

La teinte de fond devra être d'une nuance grise très-claire, blanche même, si l'on veut, ce marbre devant être fait dans la pâte ou dans un glacis, comme nous allons l'expliquer.

Le fond étant bien préparé et bien sec, on procédera à l'ébauche, après avoir composé le glacis qui doit servir à le faire.

Cette teinte, comme sa destination l'indique, doit être très-claire, n'étant pas destinée à couvrir, mais seulement à faciliter le fondu du travail.

On détrempe, dans un camion, du blanc de céruse avec de l'essence de térébenthine et de l'huile de lin, en ayant soin de n'en mettre qu'une quantité suffisante pour rendre ce glacis souple et moelleux au travail, car il est essentiel qu'il ne tire pas, ce qui arriverait si l'on ne mettait que de l'essence. Il faut éviter de mettre de l'huile grasse pour faire sécher, ce qui aurait l'inconvénient de faire faïencer ou clocher. On met du zumatique ou de la litharge pour obtenir une teinte rosée, puis un peu de vermillon afin que le travail se faisant comme il va être expliqué, l'on ait un ton chaud, et que ce qui reste de ce glacis aux parties de repos puisse servir de dessous ; enfin on étendra ce glacis sur les parties que l'on veut faire.

Pour composer votre palette, vous ferez une teinte grise assez claire pour les frottés ; une autre un peu plus vigoureuse pour dessiner les masses veinées ; une teinte rosée mélangée d'un peu d'ocre jaune ; de l'ocre rouge ; du vermillon, un péu de brun Van-Dick ; et, si l'on a besoin de tons très-fins, une pointe de laque ; du noir pur ; du blanc de céruse ; et enfin de l'ocre jaune. Lorsqu'on aura un travail assez considérable à exécuter, pour n'être pas obligé de recommencer le mélange des couleurs à mesure que l'on aura épuisé sa palette, on devra en mettre de côté, sur un morceau de verre, par exemple, et l'on chargera sa palette selon sa dimension, les couleurs bien séparées et disposées de manière à ce que chacune soit extrêmement propre.

Pour faire sécher ce genre de travail, on pourra ajouter à l'essence que l'on aura dans le godet, une petite quantité d'huile grasse, mais très-peu, le glacis étant lui-même siccatif par sa préparation et devant aider le restant de l'ébauche à sécher.

On commencera ensuite à former les masses avec une brosse assez forte pour pouvoir ébaucher largement, soit en rouge, soit en gris, sans craindre de faire un peu vigoureux afin que, le travail étant terminé, on voie le dessous. Le résultat doit être transparent et non pas sec. Il faut éviter de prodiguer trop le rouge pur, mais le mélanger, soit avec la teinte rosée soit avec la laque ; en un mot, faire des tons frais et agréables à l'œil, avec des parties de repos et des opposi-tions, en caillant, soit en rosé, soit en gris plus ou moins clair, en remplissant les cailloux formés par les masses que l'on aura préalablement jetées.

On peut se rendre compte de ce genre de travail en consultant la planche que l'on a sous les yeux. On se sert du pinceau à chiqueter pour remplir, en le conduisant de manière à veiner quelques-unes de ces parties, et à donner aux autres un chiqueté un peu jaune pour former des oppositions et des repos de travail. On adoucit avec une brosse plate très-douce chaque travail dans son sens, en éteignant avec précaution quelques parties qui doivent moins paraître pour faire mieux valoir les autres qui sont plus vigoureuses. On ne doit pas voir le passage de la brosse plate.

Quand cette ébauche est bien sèche, on prend une brosse fine pour repiquer avec des tons plus vigoureux par-dessus les veines de l'ébauche. Au moyen d'un travail plus petit et plus fin, on formera de petits cailloux triangulaires, en ayant soin de ne faire vigoureux que sur les teintes foncées, et en n'employant jamais une teinte trop vive seule.

On aura préalablement reglacé avec du blanc de zinc, qui fait très-transparent.

Le pinceau à chiqueter peut servir à cet usage. Le blanc doit être employé très-liquide afin de mieux cristalliser. On le passe en travers des veines de l'ébauche en chiquetant par endroits, et en frottant certaines parties ; on repique comme nous avons dit plus haut, mais de manière à ce qu'il n'existe rien de heurté ; on fait des tons vigoureux mais ne tirant pas l'œil.

Ce marbre doit être rendu très-transparent et très-frais ; on fait ensuite quelques veines ou cassures blanches jetées hardiment, puis quelques cailloux plus blancs et quelques points blancs arrangés par masses. Enfin on adoucit légèrement par parties, mais jamais de manière à éteindre la netteté et le fini du travail.

Les pilastres en vert Campan doivent, pour leur exécution, avoir reçu d'abord un fond vert d'eau très-clair, plutôt grisâtre que trop vert. On se servira pour cela d'un vert composé d'un mélange de blanc de céruse, de bleu de Prusse, de jaune de chrôme et de noir de charbon.

Pour lui ôter de sa fraîcheur, quand ce fond sera sec, on aura sur la palette une teinte verte plus vigoureuse que le fond, mais toujours plutôt un peu grisâtre que trop verte, et cependant assez fraîche; une teinte rosée mélangée d'un peu d'ocre jaune et une pointe d'ocre rouge; un peu de terre d'ombre brûlée et du blanc de céruse.

On formera, avec une brosse d'un quart de pouce environ, quelques masses de cailloux allongés plus ou moins vigoureux, mais par masses diagonales, verticales, perpendiculaires ou même horizontales. Dans quelques-unes de ces masses, on mélangera un peu de terre d'ombre avec le vert; dans quelques autres, pour faire de ces masses plus claires, on prendra du blanc. Il faudra toujours que quelques masses soient bien indiquées avec la teinte rosée, dans laquelle on fera quelques cailloux plus bruns ou plus frais. On laissera sécher et l'on prendra ensuite, pour finir, une brosse fine, ou, ce qui est plus maniable et fait plus gracieux et moins rude, un pinceau. On s'en servira pour tracer les chaînés ou repiqués qui dessinent définitivement les cailloux, plus ou moins vigoureux, mais par masses suivies et sans qu'ils soient trop réguliers, ni par leur forme, ni par leur dimension. Il ne faut pas non plus que l'on puisse les compter, ni se rendre compte de la manière dont ils ont été faits. On adoucit légèrement chaque travail dans son sens, en ménageant quelques parties accentuées, puis on fait quelques veines blanches jetées hardiment, en mélangeant dans quelques-unes un peu d'ocre jaune. Il ne faut pas non plus oublier de faire dans quelques parties du chaînage quelques points roses frais sur les masses roses. (Voir notre planche n° 12.)

Marbre vert antique.

Le marbre vert antique rentre, par son genre, dans la catégorie des brèches, puisqu'il n'est composé que de cailloux. Ce marbre est devenu assez rare. Il est cependant très-joli et fait très-bien en médaillons ou en petits panneaux. En nature, on l'emploie rarement en grandes parties, comme un chambranle de cheminée. Cependant il en existe, mais fort peu, et chacun d'eux est considéré, à bon droit, comme une chose précieuse.

Ce marbre est fort ancien et fait très-bien dans les conditions que nous avons indiquées plus haut. Souvent, au-dessus des portes, il se trouve un attique où l'on a pu tracer un petit panneau avec un champ de pierre. Ce petit panneau en vert antique a beaucoup de cachet. En Italie, lieu d'origine de ce marbre, on en rencontre de plus grandes parties ; mais, en somme, ce marbre est très-rare. Dans une décoration composée de panneaux de marbres, on peut employer le vert antique à faire quelques pilastres ou de petits médaillons. Cela fait très-bon effet.

Lorsqu'on aura de ce marbre à exécuter, on fera un vert-d'eau clair, mais en évitant de le faire trop frais. On pourrait, à la rigueur, se servir du vert anglais; mais un vert composé est toujours plus solide et moins sujet à passer, à changer de ton.

On composera donc ce vert avec du blanc de céruse, du bleu de Prusse et un peu de jaune de chrôme. Pour diminuer un peu la fraîcheur que l'on obtiendrait par le mélange de ces couleurs, on y ajoutera une pointe d'ocre jaune et de noir ; il faut que ce fond, au lieu d'être d'un vert trop cru, tire plutôt sur une nuance un peu grisâtre.

Pour exécuter le travail, il faut attendre que le fond soit parfaitement sec. On aura sur la palette plusieurs teintes composées avec les mêmes couleurs que pour le fond. Ces teintes serviront pour les chiquetés et les cailloux, conjointement avec le blanc. On composera donc un vert foncé, mais cependant il faut, comme pour le fond, que ce vert ne soit pas trop frais. On pourrait y ajouter une pointe de terre d'ombre brûlée, une autre teinte plus claire un peu plus fraîche, de l'ocre jaune, une teinte couleur de chair un peu rosée pour quelques cailloux ou points, comme il sera expliqué ; du noir, du rouge. On commencera par faire quelques masses de chiquetés avec la teinte claire; puis on repiquera, c'est-à-dire on fera des chiquetés plus fins par-dessus ceux déjà faits, en se servant du

bout du pinceau pour faire plus fin. On devra aussi,
par endroits, faire quelques chiquetés blancs très-fins
et transparents; mais ces derniers doivent être ménagés autant que possible en cailloutant. On devra
chiqueter presque partout pour que les cailloux soient
accompagnés, mais par masses de tons. Nous espérons que l'on comprendra nos explications, que nous
cherchons à rendre très-claires; mais il se peut que
quelques personnes appelées à exécuter ce marbre
n'en aient jamais vu. On peut en rencontrer sur quelques pendules de cabinet ou de salle à manger, assez
souvent en marbre noir, accompagnées de petits pilastres ou de petits panneaux, ou même de socles en
marbre vert antique, ce qui, avec le vert de mer, a
beaucoup de cachet. Nous citons ces derniers, parce que
nous pensons que l'on a plus de chance d'en rencontrer, et nous savons qu'il est souvent assez difficile
d'exécuter sans avoir vu. Les cailloux doivent être
presque tous de forme triangulaire et taillés bien nets.
Il faut éviter d'adopter un sens, mais commencer par
placer les plus gros par masses. Ainsi, par exemple,
si l'on se sert de la teinte foncée, il ne faut pas placer
ceux-ci sur les chiquetés clairs, car cela ferait mauvais
effet; il faut des parties calmes où les masses soient
moins fortes, les cailloux plus petits et opposés de ton.
On peut quelquefois en faire en mélangeant la teinte
foncée avec la plus claire, et même en y ajoutant un
peu de blanc ou de jaune; il faut serrer les cailloux
plus ou moins et ménager par endroits les chiquetés.
Il reste des cailloux noirs à placer, les plus accentués

sur les parties foncées, et sur les autres de plus petits cailloux, même en pointillés, mais il ne faut pas mêler tous ces cailloux : ils doivent être tous lisibles et bien nets. On en mettra quelques-uns d'un peu gris et quelques-autres d'un peu bruns. Évitez d'employer partout chacune des teintes ; prenez plus ou moins du liquide contenu dans le godet à palette, car il faut que les cailloux aient une certaine transparence qui peu se produire sur le fond ; il doit y en avoir même qui, commencés d'une teinte foncée, se terminent en fondant avec une teinte plus claire. Mettez aussi quelques petits cailloux avec la teinte rosée, souvent en pointillés, mais par masses, et quelquefois mêlés d'une pointe de jaune ; enfin, pour terminer, mettez quelques cailloux de blanc frais, ces derniers placés adroitement, quelquefois en points ; veinez aussi parfois quelques cailloux noirs en les entourant dans leur forme ou quelquefois transversalement de veines fines. C'est ce que vous pouvez faire aussi quelquefois sur les cailloux foncés.

Nous avons suivi la progression pour l'exécution de ce marbre ; nous ne saurions trop recommander d'éviter la confusion. Il est bien entendu qu'il faut beaucoup de goût pour donner à ce genre de marbre du cachet, non-seulement par l'arrangement et la disposition des tons, mais aussi par la manière de placer les cailloux dont ce marbre est composé.

Nous conseillons, pour rendre l'exécution des cailloux presque toujours triangulaire, de prendre de petites brosses plates qui sont, selon nous, les plus commodes pour ce genre de travail.

Marbre vert Campan.

Pour le vert Campan, nous ferons observer que ce marbre, qui demande beaucoup de soins, est long et ingrat, et assez difficile à bien rendre, par suite des dispositions assez compliquées du travail.

Le fond doit être couché en vert très-clair, en ayant soin de mélanger dans la teinte un peu de noir pour lui ôter de sa crudité et lui donner une teinte un peu grise : composer d'abord le vert avec du bleu de Prusse, du jaune de chrôme, un peu d'ocre jaune, du blanc de céruse et un peu de noir, comme il a été dit plus haut ; laisser sécher le fond. Faire ensuite une ébauche pour former des masses, en caillloutant ces mêmes masses par parties assez opposées avec du vert composé sur la palette, en ayant soin qu'il soit plutôt gris que vert ; faire des cailloux plus blancs, toujours par masses suivies comme il est démontré sur la planche ; d'autres parties doivent être rouges et nécessitent l'emploi d'ocre rouge ; d'autres parties, ou cailloux, doivent avoir la couleur de chair ; laisser sécher cette ébauche ; avoir dans le godet à palette de l'essence mélangée d'un peu d'huile de lin, pour faire mieux sécher. Prendre ensuite une petite brosse ou un pinceau pour *chaîner* les repiqués produits sur la planche,

en ayant soin de suivre le sens qu'on aura dans l'é-
bauche. *Accentuer* quelques parties en plus foncé,
mais toujours éviter de faire trop vert, ce qui est facile
en ayant sur sa palette un peu de terre d'ombre pour
mélanger avec le vert. Tout ce travail doit être très-
doux. Ce chaînage terminé, passer une brosse plate
dans le sens du travail et cela légèrement; faire ensuite quelques points rosés, bien frais de ton, et
composer ces rouges plutôt couleur de chair que rose :
une teinte avec du blanc de céruse, du vermillon, du
jaune de chrôme ou bien un peu d'ocre jaune; faire
ensuite des effets de veines blanches jetées hardiment,
comme il est démontré sur la planche modèle portant
le n° 9 de notre Album.

Pour le Château-Landon, faire un fond de pierre
mélangé d'un peu de terre d'ombre, de manière à ce
qu'il soit moins frais et rentre dans le sentiment de
la nature. Le fond étant sec, faire quelques chiquetés
par masses avec une teinte plus foncée que le fond,
composée, bien entendu, de blanc de céruse et d'un
peu de terre d'ombre; il est important d'avoir sur la
palette une autre teinte, composée de blanc et d'ocre
jaune; faire d'abord quelques chiquetés *gris*, puis
quelques petites veines ou cassures comme il est démontré sur la planche, mettre ensuite des veines
blanches

Marbre vert de mer.

Ce marbre se fait sur un fond parfaitement noir et un peu brillant, car s'il était trop mat on lirait moins facilement le travail, on verrait moins bien la couleur. Pour lui donner le brillant nécessaire, vous ajouterez à l'essence qui sert à détremper, de l'huile de lin et une pointe d'huile grasse, qui, avec cette couleur, est employée utilement, n'ayant pas les mêmes conséquences qu'avec d'autres teintes.

Quand le fond sera sec, vous procéderez à l'ébauche. Ayez sur votre palette une teinte verte composée de blanc de céruse, de bleu de Prusse, de jaune de chrôme et d'ocre jaune ; afin que le ton ne soit ni trop frais, ni trop criard, ayez aussi de la terre d'ombre brûlée, du blanc, de l'ocre jaune et une pointe d'ocre rouge.

Avec le pinceau à chiqueter, vous ferez quelques masses, tantôt en veinant en filandres, tantôt en chiquetant ; puis, avec une brosse moyenne, vous relierez les masses, établies, bien entendu, avec les teintes de la palette ; vous conserverez par endroits la teinte verte seule ; vous ferez quelques frottés dans de certains cailloux avec du rouge, mais à peine teinté ; vous laisserez des parties calmes, tranquilles, pour opposer et donner de la valeur aux masses, en intervertissant dans chaque partie la forme, le sens et le genre de travail. Quand l'ébauche sera sèche, vous prendrez de la terre d'ombre brûlée, si vous n'avez pas de bitume, ce qui serait préférable; mais, à son défaut, la terre d'ombre, employée très-liquide, suffira parfaitement, voire même, par endroits, un peu de terre de Sienne calcinée, mais extrêmement liquide, en glacis. Vous passerez le pinceau à chiqueter en travers de quelques masses, en veinant et en cristallisant, pour donner de la transparence et terminer le travail; vous ferez ensuite quelques veines blanches, soit en masses, soit en cassures verticales ou diagonales. Il ne faut pas que le blanc soit employé pur partout; on peut prendre avec la brosse un peu de jaune ou de terre de Sienne brûlée, sans les mêler complétement, en frottant la brosse sur la palette; cela fait moins sec et est plus coquet à l'œil.

Le-filage indique des tables ou panneaux saillants. Le clair devra être donné du côté où vient le jour, la lumière. On devra s'attacher à ne pas le faire trop blanc, mais on peut le teinter pour le mettre dans le ton; cependant il faut qu'il soit lisible et brillant; le côté ombré doit être placé, naturellement, opposé au jour, et composé d'un repiqué ou filet très-fin. Pour le jaune de Sienne, on peut prendre de la terre de Sienne brûlée, mélangée d'un peu de blanc et d'ocre jaune, mais ne pas faire trop dur; le repiqué doit former l'arête, le bord du panneau. Prenez ensuite une teinte plus liquide pour former l'épaisseur réelle du panneau, en proportionnant sa force à la saillie que vous voudrez obtenir. Le coin du côté du clair, par exemple, doit être essuyé ou ménagé en onglet, du

côté où va l'ombre ; de même pour le haut du panneau
il y a aussi, par suite de l'épaisseur du panneau, un
ombre portée sur le champ ; cette ombre doit êtr
très-liquide et sans mélange de blanc. Pour ne pa
faire sale et conserver la transparence, vous prendre
de la terre d'ombre naturelle ou du noir si vous l
préférez, mais très-liquide, car on ne doit faire qu
lire cette ombre.

Le filet d'épaisseur de la frise s'exécute de la ma
nière suivante : faites sur le bord de la frise un repiqué noir, très-fin, pour redresser et aider à donne
de la saillie ; proportionnez la largeur du filet d'épais
seur à la hauteur de la frise. Quand vous aurez trac
ou pointé ce filet, prenez du blanc de céruse légèrement teinté de vert ; pour ne pas faire trop criard
faites un filet moyen, plus fort que le repiqué ; adoucissez, fondez, d'une manière parfaitement égale, ce
filet, en ménageant ce qui approche de l'arête. Pou
arriver plus facilement à ce résultat, vous pouve
ajouter un peu d'huile.

Quand vous aurez terminé cette opération, vou
passerez avec la même teinte un repiqué très-fin, pou
indiquer l'arête, le bord de l'épaisseur, mais évite
surtout de faire trop criard. Il est de la plus haute im
portance d'étudier la valeur des tons et de l'objet que
l'on veut reproduire. Ce marbre se trouve en lambri
sur notre planche d'Album, n° 25.

Marbre vert d'Egypte

(en grands panneaux)

Le marbre de ce panneau demande à peu près le même travail que le vert de mer. Il se fait sur un fond brun Van-Dick. Pour rendre le travail plus facile, plus transparent, il faut préalablement bien soigner les apprêts, c'est-à-dire enduire et parfaitement poncer, surtout pour un grand panneau. Pour une frise, une plinthe ou un stylobate, ces apprêts deviennent moins nécessaires. On devra s'arranger de manière à ce que le fond ne soit pas mat, afin que les teintes ne s'enterrent pas. On pourra, pour détremper, employer de l'essence de térébenthine, de l'huile de lin, et même un peu d'huile grasse, mais en très-petite quantité pour éviter de faire faïencer ou clocher.

Le fond étant parfaitement sec, vous ferez quelques masses de chiquetés très-fins, avec du vermillon mélangé d'une pointe d'ocre rouge. Ne prodiguez pas trop les masses, et ne faites pas trop éclatant.

Composez sur la palette une teinte verte, faite avec du blanc de céruse, du bleu de Prusse, du jaune de chrôme et une pointe d'ocre jaune, cette dernière couleur pour ôter un peu du vif ou de la trop grande fraîcheur du ton, que l'on obtiendrait en n'employant que les trois premières couleurs. Il ne faut pas que ce vert soit trop foncé, mais il faut l'amener à peu près à la teinte du vert anglais broyé à l'huile, mais moins frais. On peut se servir de ce dernier; cependant nous conseillons le vert composé parce qu'il est plus solide et se passe moins.

Ayez sur la palette, pour l'exécution de l'ébauche, du blanc de céruse, de la teinte que vous aurez com· posée, de la terre d'ombre brûlée et de l'ocre jaune. Le liquide contenu dans le godet à palette, et dont on devra se servir pour l'emploi des couleurs, sera composé d'essence de térébenthine et d'une pointe d'huile grasse, mais très-peu.

Votre pinceau à chiqueter devra être de moyenne grosseur, pour que vous puissiez bien le manier dans l'exécution de ce marbre, qui est composé seulement de quelques masses chiquetées et de beaucoup de masses veinées ou filandres. Vous prendrez, par exemple, de la teinte verte, quelquefois seule, quelquefois avec du blanc de céruse, pour commencer une masse chiquetée ou veinée; quelquefois avec de la terre d'ombre, même avec de l'ocre jaune; mais votre travail se fera toujours par masses, en ménageant des parties de repos cailloutées, pour former opposition et laisser voir les parties chiquetées précédemment en tons vermillonnés. Vous rattacherez ces masses avec une brosse fine ou de moyenne grosseur, en veinant ou cailloutant avec les teintes qui ont été expliquées plus haut.

Vous laisserez sécher cette ébauche, et vous ferez une teinte verte plus foncée, ne contenant pas de blanc, destinée à cristalliser avec la terre d'ombre; ces deux couleurs doivent être employées en jus, c'est-à-dire très-liquides : c'est un simple glacis, donné en veinant avec le pinceau à chiqueter, par masses et en travers des veines de l'ébauche.

Ménagez quelques parties sans y toucher, pour former opposition, et laissez sécher ; liez, rattachez quelques parties de masses avec du blanc de céruse mélangé d'un peu d'ocre jaune ; mais il ne faut pas qu'aucune de ces veines soit ni tout entière blanche, ni tout entière jaune. Il y a une manière de prendre les couleurs avec la brosse sur la palette, en ne les mêlant pas complétement pour obtenir des parties nuancées ou cristallisées et brillantes. Vous en userez de même pour les veines lancées hardiment, diagonalement ou verticalement. Vous devrez, pour rendre ces veines plus brillantes, n'employer que très-peu de liquide. (Voir ce marbre sur notre planche n° 27 de l'Album des peintres décorateurs.)

Marbre vert d'Egypte

(en petits panneaux)

Les verts d'Égypte doivent être faits sur un fond brun, composé de brun Van-Dick et de noir, mais en petite quantité ; le fond étant sec, faire quelques chiquetés par masses avec de l'ocre rouge, légèrement vermillonnée, mais sans cependant mélanger l'ocre et le vermillon de manière à former opposition. Par exemple, chiqueter d'abord avec le rouge, repasser ensuite par petites masses de vermillon en évitant de faire trop éclatant.

Avoir sur la palette un vert composé avec du bleu de Prusse, du blanc, du jaune de chrôme et du gros jaune pour ne pas faire par trop frais. On pourrait aussi se servir de vert anglais ; mais le vert composé est toujours plus solide, et d'ailleurs on peut se trouver obligé de le rectifier. Ce marbre se fait avec des veines ou filandres, arrangées par masses en ménageant des repos, le tout disposé du reste pour contenter l'œil. Cette ébauche étant sèche, faire un vert plus foncé, c'est-à-dire mélangé de terre d'ombre, ou, ce qui est préférable, de bitume, pour reglacer quelques parties avec le pinceau à chiqueter, qui doit être d'une moyenne grosseur et assez long de soies pour cristalliser ces parties en travers du travail, en ménageant par masses quelques brillants ; faire ensuite, comme il est marqué sur la planche n° 7 de notre Album, quelques cassures blanches par-dessus ce travail dans lequel on doit s'appliquer à ne pas faire trop sec.

Pour la plinthe au-dessous de ces panneaux qui est en porthor, le fond doit être parfaitement noir, et il faut s'arranger de manière à ce qu'il soit plutôt brillant que mat. Lorsqu'il est sec, avoir sur la palette de l'ocre jaune, de la terre de Sienne brûlée, une teinte rose, un peu de Van-Dick, du noir et du blanc.

Ce marbre a quelque analogie avec le Sainte-Anne ; seulement le veinage est plus allongé. Tailler des masses en les arrangeant par teintes mélangées, soit

avec du jaune et du blanc seuls, soit avec du jaune et
de la terre de Sienne brûlée, soit avec du rose.
Grouper ces masses comme il a été dit plus haut
pour le Sainte-Anne; faire quelques dessous en gris
mêlé d'un peu de Van-Dick, mais tout cela en veinant
toujours en long; arranger son travail de manière à ce
que cela forme cailloux; faire quelques cassures avec
du blanc de céruse en travers.

DEUXIÈME PARTIE

LES BOIS

Acajou moiré.

Les bois d'acajou nous viennent d'Amérique ; ils sont envoyés bruts par morceaux très-gros et informes. On ne se douterait pas que ce bois scié en placage et travaillé fût aussi joli.

Si on veut faire ce bois acajou neuf ou vieux, c'est en éclaircissant le glacis que l'on donne le ton voulu, ou en le fonçant, c'est-à-dire en employant le glacis plus épais, et en mettant plus de terre de Cassel et de terre de Sienne brûlée et même un peu de noir.

Voici la manière d'exécuter l'acajou moiré, quel que soit le ton qu'on lui donne : glacer, étendre la teinte assez grassement, sans cependant qu'elle pleure ou coule sur la partie que l'on doit exécuter. Nous disons grassement, parce que, trop tiré à sec, le travail perd son velouté, son transparent. Une fois que l'on aura étendu la teinte, on prendra une éponge de grosseur moyenne, on l'humectera et on lavera souvent pour faire des éclaircies très-vives et très-propres. On passera légèrement cette éponge du haut en bas de la surface, laissant à l'éponge le soin de former les caprices de la nature ; on tracera hardiment la traînée commencée, quelquefois en roulant un peu l'éponge pour former tantôt des éclaircies opposées et moirées, tantôt des clairs formant des lignes inégales bien entendu. En de certains endroits on pourra en faire se contrariant, passant l'une sur l'autre, quelquefois légèrement ondées, quelquefois s'arrêtant net pour reprendre un peu au-dessous. Il faut laisser le fond entre chaque partie. Il reste les parties foncées du glacis sur lesquelles on doit tracer quelques petits effets d'éclaircies avec la clairette, en la posant en spaltées enlevées vivement. Pour cela il faut que la clairette soit très-propre. Adoucissez le tout avec le blaireau, en travers du travail, toujours dans le sens, soit à droite, soit à gauche. C'est ce qui forme le moiré. Il est bien entendu que l'on ne doit pas voir de trace de blaireau. Il faut donc aller très-vite ; car, les reprises sont affreuses et gâtent tout le velouté, si nécessaire dans ce bois. — L'ébauche étant sèche, on fera un glacis composé de laque carminée et d'une pointe de terre de Sienne brûlée pour ne pas faire trop *rose ;* on étendra ce glacis avec une brosse plate très-douce et

assez grassement pour ne pas éteindre et gâter l'é-
bauche; on l'assoiera bien avec la clairette, puis on passera le blaireau du haut en bas et presque droit, en
veinant, pour former le grain, la veine du bois; on
adoucira ces veines dans leur sens.

Nota. Nous avons fait vernir quelques planches
pour essayer l'effet du bois ; nous avons trouvé que la
gélatine faisait un effet plus clair et plus brillant que
le vernis ; cependant l'un et l'autre ont leurs inconvénients sur le papier : le vernis craint l'humidité, et la
gélatine la trop grande chaleur ; malgré tout, nous
avons donné la préférence à cette dernière. Nous engageons nos clients à ne pas laisser séjourner trop
longtemps leurs gravures près du feu. Ce n'est pas
qu'elles s'abiment, mais elles se frisent.

Malheureusement nous ne pouvons pas faire géla-
tiner toutes nos gravures; il y a des planches mates
où la gélatine ne produirait aucun effet, de sorte que
nous sommes obligés de les donner dans leur nature.

Acajou à gerbe.

Pour l'exécution de cette planche représentant un
bois des îles plaqué et d'un poli parfait, il faut, afin
de se rapprocher autant que possible de la nature,
avoir des fonds bien apprêtés. Si l'on veut obtenir ce
résultat, on devra donc enduire avec le plus grand
soin, et poncer parfaitement l'enduit à chaque couche
que l'on donnera.

Voici comment et de quoi se compose ce fond. Nous ferons observer d'abord que certaines personnes font l'acajou sur un fond rose, ce qui est une faute grave, car on se trouve obligé de charger trop en couleurs pour arriver au ton convenable, le fond de l'acajou, dans les parties claires, étant plutôt jaune que rose ; le glacis que l'on emploie pour terminer donne d'ailleurs toujours la transparence convenable, comme on peut s'en assurer sur la planche que l'on a sous les yeux. (Le n° 15 de notre Album).

Passons maintenant à la composition du fond, nous réservant de donner les explications de détail à mesure que nous aborderons chaque partie du travail.

Ce fond doit se faire avec du blanc de céruse en petite quantité, un peu d'ocre jaune, matière principale, une pointe jaune de chrôme, un peu de vermillon pour réchauffer et amener un ton fin, par exemple un fond doré très-brillant. On détrempe le tout à l'essence avec très-peu d'huile, car les couleurs en contiennent assez par leur broyage. On peut employer, pour faire sécher, soit de la litharge broyée fine ou infusée dans l'essence dont on se servira pour détremper la teinte, soit du siccatif zumatique mais sans huile grasse, ce qui ferait faïencer ou clocher ; on laisse sécher le fond, sans attendre trop longtemps pour exécuter le travail, autrememt cela pourrait graisser, ce qui serait fort désagréable et occasionnerait une perte de temps.

Pour exécuter le panneau de la planche n° 15, on mélangera sur la palette de la terre de Sienne brûlée broyée à l'eau, un peu de terre de Cassel et de la laque, mais en petite quantité, le glacis qui termine le tout devant être composé presque entièrement de cette matière. Il faut un vase ou camion extrêmement propre et n'ayant pas servi pour l'huile autant que possible. On détrempera le tout avec de l'eau, et l'on fera le glacis plus ou moins épais, suivant que l'on voudra faire de l'acajou neuf ou vieux. Dans ce dernier cas, du reste, on devra forcer la dose de terre de Cassel ; mais, lorsqu'on voudra réclaircir, que ce soit toujours en liquide.

Le glacis ainsi préparé, on procédera au travail de la manière suivante : on étendra la teinte sur la partie que l'on veut faire avec une brosse plate ou toute autre, cela est indifférent ; il faut avoir soin de bien l'étendre et de l'asseoir d'une manière égale, mais toujours vivement, afin de ne pas être pris par la sécheresse.

On tracera, avec un martinet en peau très-souple, le cœur de la gerbe, en le traînant dans le sens que l'on veut donner à cette gerbe. On peut consulter d'ailleurs la forme de celle de la planche. Cette première opération doit se faire en commençant par le bas, ce qui rend l'exécution plus facile, en tenant l'instrument dont on se sert par les deux bouts ; on finit ensuite les clairs de la gerbe avec une clairette extrêmement propre, et, comme ce travail salit très-vite l'eau, on aura soin de la changer souvent pour enlever vif.

On prendra ensuite une petite éponge également propre, et l'on terminera la gerbe en passant cette

éponge depuis les endroits où la clairette a terminé
es clairs jusqu'au bas du panneau, afin de bien em-
mancher le tout ensemble, expression dont on se sert
généralement en peinture.

Il ne faut pas éclaircir toute la teinte, mais laisser
quelques parties foncées, en un mot, arranger comme
sur la planche n° 15, tout ce qui s'y trouve, excepté la
gerbe qui doit être faite à l'éponge, quand on juge
que le travail est assez sec ; toutefois, il ne faut pas
trop attendre, pour ne pas être obligé de dégraisser,
ce qui détruirait le velouté, qui est ce qu'il y a de plus
important dans tous les bois.

Il faut adoucir avec le blaireau les clairs en travers
de leur sens, en ménageant le cœur qui doit être adouci
de bas en haut, mais tout cela sans qu'il reste aucune
trace du passage du blaireau et sans qu'on puisse remarquer aucune reprise ; il est donc indispensable
d'aller très-vite, car les reprises sont toujours le résultat de parties déjà séchées.

Pour reglacer, c'est-à-dire pour finir, il faut composer un glacis dans lequel on fait entrer en plus
grande quantité de la laque. Plus elle sera fine de qualité, plus elle sera solide et transparente. On y adjoindra un peu de terre de Sienne brûlée, de manière à ne
pas faire trop rose. Détremper avec de l'eau assez
claire pour ne pas éteindre le travail, et assez forte
pour que le travail qui reste à faire paraisse et soit
bien transparent ; étendre ce glacis avec une brosse
bien douce, plate, forte en proportion de la partie que
l'on a à glacer. Ce glacis doit s'étendre avec une clai-

rette assez forte et assez douce pour ménager l'ébauche et bien asseoir le glacis.

Ceci fait, on prend une veinette que l'on passe dans un démêloir moyen. Pour former le grain et bien marquer la veine du bois, on passe cette veinette avant que le glacis ne soit sec, en allant de gauche à droite, et en commençant par en bas. On adoucit ensuite le tout de bas en haut, toujours dans le sens en travers de la veine ; le haut doit aller en amoindrissant, et il doit rester de chaque côté du panneau une partie plus ou moins large selon l'inclinaison de la gerbe, que l'on veinera droit dans son sens ; ou bien, si l'on a formé un nœud dans l'ébauche, il faut veiner également dans le sens de ce nœud, mais toujours le plus promptement possible, en ayant soin d'essuyer avec l'éponge, de manière à ce qu'il ne reste autour du panneau aucune salissure ni aucune bavure de teinte, après l'ébauche et le reglacis de chaque travail.

Notre explication ne concerne que l'acajou moiré indiqué sur cette planche. Quant à l'acajou moucheté qui se trouve sur les champs, il aura sa place à la description suivante.

On peut également faire ce travail à l'huile, mais ce procédé a des inconvénients : d'abord les teintes à employer sèchent plus difficilement ; en outre, le glacis de laque pour terminer, glacis qui doit être à l'eau, est peu durable. Par suite, il ne reste bientôt que l'ébauche, ce qui est d'autant moins agréable à l'œil qu'on a été obligé de faire des clairs fort vifs. Les teintes foncées d'ailleurs se trouvent former épaisseur,

7

ne pouvant être employées aussi liquides qu'à l'eau. Enfin, un dernier et très-grave inconvénient par le procédé à l'huile, ce serait de faire faïencer surtout à l'extérieur.

Nous croyons qu'on nous saura gré de cette observation qui n'est de notre part qu'un simple avis.

Acajou moucheté.

Nous allons donner l'explication de l'acajou moucheté, en commençant par le fond qui doit être, non pas, comme quelques personnes ont l'habitude de le faire, sur champ rose, mais bien sur champ jaune.

On devra, autant que possible, soigner les fonds pour le décor et particulièrement pour les faux bois, qui doivent représenter de l'ébénisterie ou du placage.

Les enduits sont nécessaires pour obtenir un poli parfait, mais on ne peut pas toujours par économie faire ces enduits.

Dans ce cas, le travail est moins beau. Quand on se dispense de l'enduit, il faut au moins trois couches ; avec l'enduit deux couches suffisent. On ne doit donner ces couches qu'en glacis et progressivement jusqu'à la dernière, pour éviter de corder. On doit adoucir, du reste, avec une brosse plate dite à blanc de zinc, en croisant les coups de brosse, en peignant ou en adoucissant ; puis, bien poncer à chaque couche avec du papier de verre très-fin.

Le fond sera composé de blanc de céruse broyé

à l'huile, mais en très-petite quantité, l'ocre jaune devant dominer ; c'est seulement pour donner plus de corps à la teinte que l'on y met de la céruse.

On rendra le ton plus fin en ajoutant une pointe de jaune de chrôme réchauffée avec du vermillon. Il nous serait impossible de préciser la quantité de chacune de ces couleurs, attendu qu'il y a des bois de même nature plus ou moins foncés. Nous ne pouvons que vous recommander de proportionner vos fonds au résultat que vous voulez obtenir, soit acajou neuf, soit acajou vieux. On détrempe ces couleurs à l'essence de térébenthine, puis on passe la teinte ainsi détrempée avec un tamis très-fin. On doit éviter de faire sécher avec de l'huile grasse, qui a l'inconvénient de faire graisser le fond, ainsi que de faire faïencer et clocher, surtout à l'extérieur, ce qui est excessivement désagréable. On fera infuser de la litharge ou du zumatique dans de l'essence dont on se servira pour détremper la teinte ; on laisse sécher, mais pas trop, et si, malgré ces précautions, le fond venait à graisser, on serait obligé de perdre du temps à frotter avec une éponge la partie qu'on veut faire. Il est donc important de ne pas attendre trop longtemps.

Les couleurs que nous allons indiquer pour faire l'acajou moucheté doivent être très-bien broyées et à l'eau. On détrempera de la terre de Cassel mélangée avec un peu de terre de Sienne brûlée, en évitant de faire trop rouge, puisque le glacis qui finit donne le ton dont nous donnerons l'explication en temps et lieu, à mesure que le travail se fera. Ces deux couleurs se détrempent avec de l'eau daus un camion bien propre, n'ayant autant que possible pas servi à l'huile, ou au moins bien débarrassé de tout corps gras.

On étend ce glacis d'une manière bien égale sur le panneau ou partie que l'on veut exécuter. On se sert pour cela de la clairette, de manière que le glacis ayant été couché un peu grassement ne coule pas. Nous faisons observer ici qu'on doit aller très-vite pour les bois à l'eau, qui sèchent promptement, surtout à l'extérieur. Tout le travail devant se faire dans le glacis, et toujours avec une clairette très-propre, pour enlever vivement des spaltées inégales en travers du panneau, il faut en faire quelques-unes largement, d'autres par petites masses plus serrées, de manière à former un moiré bien ondé ; on laisse quelques parties de repos ; on adoucit ensuite avec le blaireau dans le sens des spaltées, de manière à les adoucir seulement, à les velouter, sans détruire complétement leur forme.

Il ne doit rester aucune trace du blaireau. Nous avons conseillé la promptitude, car les petits nœuds ou mouchetés qui restent à faire doivent s'exécuter pendant que le glacis est encore frais.

Ayez sur la palette de la terre de Cassel pure ; avec une petite brosse trempée dans le glacis, c'est-à-dire légèrement humectée, prenez un peu de cette terre, et formez de petites masses de 2-3, ou même isolées, de ces petits nœuds ou mouches, en appuyant le bout de votre brosse légèrement teintée sur les endroits où vous voudrez marquer quelques-unes de ces mouches ;

vous formerez ainsi de petits nœuds presque ronds et d'autres plus allongés ; mais tout cela doit être fait avec goût, sans confusion, en ménageant quelques repos. Ce travail s'exécutant dans le glacis tout frais doit, par cela même, présenter, autour du passage de la brosse et autour des nœuds ou mouches, de petites parties éclairées ; il faut en indiquer du reste quelques-unes plus vigoureusement par quelques petits points avec un peu de terre de Cassel, mais toujours en petites masses, et avoir soin d'adoucir le travail, c'est-à-dire les nœuds ou mouches faits, soit en travers, soit en remontant, ma's sans les étendre trop, et sans altérer la forme que l'on aura obtenue.

Cette ébauche étant sèche, on formera un veinage avec un crayon de terre de Sienne brûlée ou de terre de Cassel ; ces crayons se trouvent tout préparés pour les bois qui en réclament l'emploi, quels que soient leurs tons.

Si l'on veut faire le veinage, par exemple, dans le milieu du panneau, il devra être plus allongé et plus serré par endroits, ce qui s'obtient en entourant quelques nœuds déjà faits, ou bien en serpentant par masses de veines. Il faut cependant, malgré les sinuosités que l'on fait parcourir au crayon, former, en se servant des nœuds que l'on rencontre pour varier les sinuosités, une espèce de cœur moins régulier que celui de la gerbe de l'acajou moiré ; mais il faut qu'il existe une forme partant du bas du panneau qui aille finir en se perdant par le haut et en écartant davantage le travail.

N'oubliez pas que ces veines doivent être très-fines

et disposées de manière à ce que l'on ne puisse ni les compter, ni savoir comment elles ont été faites.

Quand l'ébauche est sèche, on termine par le glacis définitif, composé de laque carminée broyée à l'eau, détrempée aussi avec de l'eau, et mélangée d'un peu de terre de Sienne brûlée et d'un peu de terre de Cassel, mais en très-petite quantité. Nous employons souvent le mot glacis, dont tout le monde doit comprendre le sens, car chacun sait que la beauté des bois consiste surtout dans la transparence des tons, transparence que l'on ne pourrait obtenir en employant les couleurs épaisses.

On fait le glacis plus ou moins foncé par le mélange des couleurs que l'on emploie ; c'est le liquide qui réclaircit plus ou moins, parce que le glacis se détrempe avec de l'eau. On doit éviter de faire trop rose ou trop rouge, mais proportionner soigneusement la teinte au ton plus ou moins foncé que demande le travail.

On étendra le glacis d'une manière bien égale partout avec une brosse plate très-douce pour ne pas détruire les effets obtenus dans l'ébauche.

On doit poser ce glacis assez grassement et à sec, car, sans cette précaution, la transparence serait nulle et l'on gâterait tout le velouté du travail. Vous ferez ensuite, avec une veinette presque sèche et très-propre, des fouettés en remontant pour qu'on ne puisse voir aucune reprise ; ces fouettés sont destinés à figurer les pores existant dans le bois. On en fera de plus fins et de plus allongés les uns que les autres ; mais, nous le répétons, il faut être prompt dans toutes ces opérations, puisqu'elles doivent être terminées avant que le glacis ne soit sec. Vous adoucirez ensuite avec le blaireau dans le sens de ces fouettés, en remontant, par exemple, mais de manière à ne pas les faire disparaître. Vous devrez, dans quelques endroits et toujours par masses, les éteindre un peu pour ménager des repos, éviter la confusion et faire valoir les parties plus travaillées; mais cependant il faut que les oppositions n'ôtent rien au ton de l'ensemble, qui doit être naturel et presque local dans toutes les parties.

Quand tout sera terminé et bien sec, vous pourrez vernir aussitôt que vous le trouverez convenable, sans dépouiller; mais, à l'extérieur, il ne faudra pas attendre trop longtemps, car le contact de l'air, la pluie ou même simplement l'humidité, pourrait gâter votre travail. (Voir la planche n° 45 de notre Album.)

Racine de Buis.

La racine de buis a quelque analogie avec les autres racines, telles que racine de frêne, etc., sauf le ton et quelques particularités dans le travail, que nous allons expliquer.

Comme nous le recommandons toujours, avant de recevoir le décor, les fonds doivent être bien préparés. Pour les bois au procédé, ou, autrement dit, à l'eau, il faut faire la teinte de fond presque à l'essence de térébenthine, afin d'éviter que le travail ne soit gêné par le graissage qui en résulterait : la teinte qui est à l'eau ne prendrait que difficilement ; on serait obligé de dégraisser, ce qui ferait perdre du temps. Le décor doit être fait hardiment, vivement, sans attendre longtemps, une fois la dernière couche donnée. Malgré la précaution que l'on aura prise, cela graisserait encore par le seul contact de l'air. Si toutefois ce désagrément se présentait, on prendrait une éponge seulement un peu humide, puis un peu de blanc d'Espagne, et l'on frotterait les parties où l'on devrait travailler. Ce bois se fait rarement en grandes parties. Il fait très-bien comme champ, son travail étant petit et accompagnant des panneaux en érable gris ou en érable ordinaire, ou bien encore en racine de frêne clair. Il y a des différences de ton assez marquées dans l'emploi de la racine de buis comme champ.

On fera un ton de pierre frais et peu foncé ; mais, avant de commencer le travail, on prendra la précaution de passer un papier verre n° 0 très-fin. Tous les bois à l'eau sont destinés à être vernis, et c'est alors que les grains et les défauts d'apprêts paraissent.

Nous avons dit que ces bois étaient à l'eau. Les couleurs que l'on emploie n'ont besoin, de la part du peintre, d'aucune préparation pour bien tenir, pourvu qu'elles soient bien broyées. Ces couleurs sont la terre de Sienne naturelle calcinée, la terre de Cassel, la terre d'ombre naturelle. On se sert peu, du reste, de celle-ci pour les bois : elle n'est pas suffisamment transparente ; mais la terre d'ombre brûlée est employée à défaut de terre de Cassel. Aujourd'hui les couleurs sont impalpables, ce qui est bien préférable, car auparavant elles étaient très-difficiles à broyer ; mais, quoique impalpables, on doit néanmoins les broyer pour achever de les rendre très-fines et les empêcher de fariner, et par suite de dépouiller, quand on aura à reglacer par dessus ou bien en vernissant.

On préparera, dans un vase très-propre, un glacis composé de terre de Sienne naturelle détrempée avec de l'eau, mais peu foncé. Le moyen de foncer ou de réclaircir est l'emploi du liquide en plus ou en moins grande quantité. L'eau seule, très-propre, doit servir à cet usage. Autrefois on se servait de bière, mais on en a reconnu l'inutilité.

On prendra du glacis dans le godet à palette pour humecter la partie que l'on veut travailler. On aura sur la palette de la terre de Sienne naturelle, de la terre de Cassel et un peu de bleu de Prusse, n'en ayant que très-peu à employer, et un peu de terre de Sienne calcinée ; mais nous ferons observer que la terre de Sienne naturelle joue le rôle principal dans ce bois d'une teinte tirant beaucoup sur celle du citron. Il faut, malgré les oppositions, qu'il y ait une teinte presque locale. Supposons, puisque l'on ne fait guère ce bois qu'en champ, que l'on ait à en exécuter ; on commencera par les traverses ; on essuiera bien les coupes, puisque c'est un placage ; on peut les bien marquer par le travail en opposant leurs extrémités plus ou moins accentuées. Il faut aller vite pour pouvoir essuyer les parties environnantes du champ ; on ne peut

7.

quelquefois pas éviter d'en mettre sur le panneau. Il faut une grande propreté, beaucoup de soin : c'est la beauté, la valeur du décor, tel qu'il soit. Quand on aura glacé une partie, on prendra, avec une brosse moyenne dont on aura ébouriffé les soies, de la terre de Sienne naturelle, mais peu, les glacis fournissant déjà à la teinte ; on tortillera cette brosse sur la partie glacée en formant des racines ondulées ; dans certaines parties on se contentera d'appuyer sur le bout de la brosse pour pointiller en tortillant ; dans d'autres, on appuiera également l'éponge pour faire des éclaircies et reposer l'œil. Du reste, les champs doivent être fort calmes. On prendra quelquefois un peu de terre de Cassel, ainsi qu'un peu de terre de Sienne brûlée, pour opposer et ne pas faire jaune partout, mais tout cela modérément. Il faut localiser autant que possible, surtout être très-prudent. Quand on aura à prendre du bleu avec une brosse spéciale, pour indiquer quelques petits tons verdâtres qui existent dans ce bois, il ne faudra pas en mettre dans toutes les parties. Avec la clairette bien propre et humectée d'eau, on fera quelques petites couches de spaltées, mais peu, puis quelques masses de petits nœuds groupés sans que l'on puisse les compter. Ayez une brosse courte de soies et de moyenne grosseur, et prenez un peu de terre de Sienne naturelle que vous réchaufferez d'une pointe de terre de Sienne brûlée, quelquefois même de terre de Cassel, et quelquefois aussi vous vous servirez seulement de la teinte déjà mise. Ces observations s'appliquent à toutes les parties que vous aurez à exécuter, car il ne faut pas répéter partout les mêmes choses. Il faut des oppositions sans cependant qu'il y ait rien de heurté.

Avec la brosse, vous formerez des nœuds par petits groupes de deux, trois ou quatre ensemble, les uns plus ou moins gros et ronds. Tortillez cette brosse en vous servant seulement du bout avec les trois premiers doigts de la main droite, et en ne la tenant pas suivant l'habitude, comme l'on tient une plume, un pinceau ou un crayon. Elle devra passer entre le pouce et les autres doigts, et l'extrémité du manche allant rejoindre le poignet. De cette manière, elle tourne facilement, vivement, le pouce la tournant sur les autres doigts. Adoucissez ensuite avec le blaireau en travers du travail, un peu plus par endroits, pour laisser des parties de racine, de nœuds ou d'éclaircies, plus ou moins accentuées, mais surtout que l'on ne voie pas le passage du blaireau qui est très-doux, du reste. Pour le conserver en bon état, il faut avoir soin de le laver chaque fois que l'on s'en sera servi, car les couleurs, en séchant, brûlent et durcissent les poils. Cet instrument coûte d'ailleurs assez cher pour que l'on y fasse attention.

Pour tout ce que nous venons d'expliquer, il faut aller très-rapidement, le travail à l'eau séchant très-vite. Autrement, on ferait des reprises, des teintes sales, et l'on serait dans l'impossibilité de nettoyer les coupes et les autres parties. Si l'une de ces parties est grande et que l'on ne croie pas pouvoir réussir à aller assez vite, on ne glacera qu'à mesure et l'on courra moins de risque de voir sécher le travail trop vite.

Ce travail étant terminé et sec, avec une veinette on prendra du glacis auquel on aura ajouté une petite pointe de terre de Sienne calcinée, mais très-peu; on fera en travers des traces de racine quelques veines ondulées sans raideur, en les adoucissant légèrement en travers de leur sens. On passera cette veinette, pour bien séparer les soies, sur un démêloir un peu gros, après avoir pris la teinte.

On aura une brosse fine avec laquelle on prendra un peu de terre de Cassel pour faire quelques petits points sur les nœuds ronds, par groupes de deux ou trois, mais arrangés de manière à ce que l'on ne puisse les compter; quelquefois on fera seulement une petite ligne ou une croix, pour fendre quelques petits nœuds; on peut en entourer également quelques-uns, mais en petite quantité pour ne pas faire trop dur. On adoucira dans un sens que l'on adoptera, mais nous recommandons encore la vivacité et la propreté, comme les deux points essentiels. Il faut surtout bien indiquer les coupes.

Les bois à l'eau, outre que les couleurs sont toutes transparentes, ont encore l'agrément de pouvoir être vernis de suite, car ils sèchent promptement. Enfin il faut élever la teinte que l'on veut donner proportionnellement à ce qui accompagne le travail que l'on exécute : c'est affaire de goût et de raisonnement.

Bois de cèdre.

La décoration de cette planche se compose de l'ensemble d'un vestibule dont nous allons donner l'explication détaillée :

La porte en bois de cèdre, par laquelle nous allons commencer, doit se faire sur un fond de pierre un peu rosé et convenablement soutenu, si l'on veut obtenir le ton exact de la planche n° 10. Pour arriver à ce résultat, on détrempera du blanc de céruse broyé à l'huile avec de l'essence de térébenthine, en y ajoutant de l'ocre jaune en proportion du fond que l'on désire obtenir, plus une pointe de vermillon pour amener la teinte rosée.

On devra faire un fond très-frais et s'attacher, pour toute la décoration en général, à bien préparer les fonds sur enduit, en ponçant avec soin cet enduit à chaque couche que l'on donnera. On devra aussi n'employer cet enduit qu'en glacis et progressivement jusqu'à la dernière couche, tout cela exécuté avec le plus grand soin possible, après quoi on fera sécher, mais sans employer d'huile grasse. On pourra faire infuser de la litharge dans de l'essence de térébenthine dont on se servira pour détremper la teinte, ou bien du siccatif zumatique, le fond étant bien sec.

Pour exécuter le travail du bois de cèdre, on fera un glacis à l'eau très-léger, composé de terre de Cassel broyée à l'eau, d'un peu de terre de Sienne naturelle, et d'une pointe de laque. Pour rendre le ton plus ferme, en observant de faire ce glacis très-léger, on l'étendra sur la partie ou panneau que l'on veut exécuter, en traçant avec les clairettes quelques spaltées, comme elles sont indiquées sur les panneaux de notre planche, et on les adoucira avec le blaireau dans leur sens. On aura sur la palette des mêmes couleurs que nous avons indiquées plus haut pour le glacis, et, si l'on veut faire des nœuds comme ceux qui se voient sur nos panneaux, on se servira d'une brosse très-fine pour les dessiner, en prenant sur la palette de la teinte que l'on jugera à propos, de la terre de Cassel, par exemple, mélangée d'un peu de terre de Sienne nouvelle. Il faudra éviter de faire ces nœuds trop marqués. Ce travail étant terminé, on adoucira avec le blaireau de bas en haut pour étendre les nœuds à leur sommet, et l'on continuera le veinage autour des nœuds en épousant leur forme, dans le sens perpendiculaire et presque vertical. On passera, par endroits, la veinette légèrement teintée de terre de Cassel, pour faire opposition, et, dans d'autres endroits, on se contentera du glacis qui, si l'on a eu la précaution d'aller assez vite, n'aura pas encore eu le temps de sécher. Les veines doivent être, autant que possible, bien nettes et bien lisibles, sans être toutefois accusées trop vigoureusement. On les adoucira légèrement en travers de leur sens avec le blaireau dont on ne doit pas voir le passage, ce qui aurait lieu si l'on appuyait trop ou si l'on n'allait pas assez vite.

Cette opération, qui est l'ébauche, étant sèche, on fera, pour terminer, un glacis très-léger avec un peu de terre de Sienne brûlée et un peu de laque, en détrempant, pour rendre ce ton plus fin, ces deux couleurs avec de l'eau dans un camion extrêmement propre. Mais, nous le répétons, ce glacis doit être très-clair et marquer à peine. Comme il ne doit être ni trop rose ni trop rouge, on pourra mettre une pointe de terre de Sienne naturelle.

Après avoir étendu ce glacis avec une brosse plate très-douce, on achèvera le travail avec les clairettes pour l'empêcher de couler ; car, pour obtenir plus de transparence, le glacis doit être étendu un peu grassement. On fera ensuite des fouettés avec le blaireau en travers du travail pour former les grains qui existent naturellement dans ce bois, en ayant soin de les adoucir dans leur sens. Ce glacis doit donner le ton convenable, rendre l'ébauche transparente et bien adoucie. Quand on jugera que ce travail est sec, on pourra vernir.

On procédera de la même manière pour les champs, dans lesquels on devra se montrer très-sobre d'effets, pour calmer et donner plus de valeur aux panneaux. On est quelquefois obligé de faire les ornements des panneaux et d'en figurer les moulures. Dans ce cas, on devra, dans les clairs, prendre de la teinte de fond dans laquelle on mettra du blanc de céruse, en évitant de faire trop blanc. Cependant, afin de se maintenir dans le vrai, pour les ombres, on prendra de la terre d'ombre calcinée. Généralement les terres que l'on emploie sont impalpables, mais on devra cependant les broyer, car, lorsqu'il faut adoucir des couleurs qui ne sont pas très-fines, on ne peut le faire d'une manière parfaite et bien égale. La terre d'ombre ne doit pas être mélangée de blanc pour faire plus clair ; c'est par le liquide que l'on éclaircit et que l'on obtient les demi-teintes ; naturellement on l'emploie plus forte pour les repiqués. On doit toujours proportionner les teintes à la saillie que l'on désire obtenir, et au ton plus ou moins élevé sur lequel on exécute le filage. On ne doit pas faire trop sec ni trop dur ; cette observation est de la plus haute importance pour l'exécutant.

On peut faire sécher la terre d'ombre au moyen d'un peu d'huile grasse, mais il en faut très-peu. Quand les travaux que l'on exécute sont à l'intérieur, et par conséquent à l'abri de la pluie ou de l'humidité, on peut faire le filage et les ornements avant de vernir ou entre les deux vernis.

Bois de chêne neuf.

Pour l'exécution de cette planche, il faut d'abord faire le fond d'un ton de pierre assez soutenu pour pouvoir employer la teinte de chêne très-claire. Voici la meilleure manière de l'exécuter : composer le fond avec du blanc de céruse et de l'ocre jaune, en modifiant le trop frais du jaune par un peu de noir de charbon ; ne pas faire le fond trop gras pour éviter de clocher ou faïencer, ce qui arrive assez fréquemment dans ces teintes, et surtout lui donner le temps de bien durcir.

Manière de procéder pour faire le chêne.

Il faut faire de préférence la teinte ou glacis. Vu que cette teinte doit être fort claire, faire fondre un peu de cire jaune et la retremper dans le camion dont on doit se servir en ajoutant de la terre d'ombre brûlée. Si l'on veut obtenir un ton un peu jaunet, y mettre un peu de terre de Sienne naturelle ; détremper le tout avec de l'huile de lin et de l'essence en parties à peu près égales. Pour faire sécher plus vite, on peut se servir d'une infusion de litharge dans de l'essence, dont on se servira sans détremper ; il faut avoir soin, pour rendre la teinte plus propre, de passer le tout dans un camion avec un tamis bien fin.

Étendre ensuite la teinte bien à sec et d'une manière égale, en évitant surtout de laisser des noirs dans les *tarabiscots*, cavités qui séparent deux moulures ; la propreté dans tous les décors est d'une importance capitale, dans le chêne surtout.

Lorsque le glacis est donné, marquer les planches avec une règle et de la toile à tenture que l'on passe le long de la règle. Ensuite, pour préparer le glacis et former des oppositions, prendre de la toile et faire des traînées bien nettes, peigner après cela avec un peigne de cuir, plus ou moins fin, suivant qu'on le juge convenable ; il faut avoir des peignes de plusieurs grosseurs. Il faut que ce travail soit très-propre et d'une grande finesse en certains endroits.

Lorsqu'on veut faire des nœuds comme ceux de la planche de notre Album n° 3, essuyer presque jusqu'au fond la planche où l'on doit faire ces nœuds, les dessiner avec une petite brosse et les adoucir de bas en haut, passer légèrement un peigne d'acier par-dessus pour faire le grain. Pour les planches maillées, le peignage étant fait, prendre un morceau de drap blanc ou de drap de billard ; mais il faut avoir soin surtout de choisir du drap qui ne déteigne pas ; ce drap étant coupé par petites bandes, dessiner la maille avec l'ongle de la main droite recouverte du drap, comme il est dit plus haut. Lorsque le chêne est ébauché, comme il vient d'être expliqué, le laisser sécher, puis le reglacer légèrement, ce qui peut se faire avec la même teinte réclaircie avec de l'essence ; cela dépend, du reste, du ton que l'on veut obtenir. En général, il faut exécuter les fonds avec tout le soin possible, qu'ils soient bien poncés et bien propres, surtout dans les moulures.

Sur notre planche n° 3, il y a un petit filet d'incrustation ; lorsqu'on a l'occasion de faire du chêne sur de grandes parties, c'est très-gracieux à l'œil.

Lorsqu'on voudra faire du vieux chêne, la composition de la teinte est la même ; le fond doit être beaucoup plus soutenu que dans le chêne neuf, et au lieu de mettre de la terre de Sienne naturelle dans le glacis, on n'emploiera que de la terre d'ombre brûlée seule. N'oublions pas que, si vous voulez réclaircir, c'est au moyen du liquide que vous y arriverez ; proportionnez le fond au ton que vous voulez obtenir, de manière, comme nous l'avons dit, à pouvoir employer la teinte de chêne très-liquide ; le travail est le même pour l'exécution que pour le chêne neuf.

Vieux chêne.

Le chêne pour cette décoration doit être très-foncé, ce qui lui donne un cachet plus sérieux. La teinte de fond doit être un peu soutenue, afin de ne pas être obligé de faire trop forte la teinte au glacis servant pour le chêne ; d'ailleurs, par ce moyen on fait beaucoup plus propre.

Composez donc une teinte de blanc de céruse et d'ocre jaune, et, pour amortir le ton, ajoutez un peu de terre d'ombre et de noir de charbon ; ne détrempez cette teinte que presqu'à l'essence ; si vous exécutez à l'huile, mettez une très-petite quantité d'huile de lin ; pour faire sécher, vous emploierez la litharge. Quelques personnes ont l'habitude de se servir d'huile grasse ; cela peut réussir dans certaines circonstances, mais ici elle devient nuisible et peut causer de graves désagréments.

On doit commencer par enduire et parfaitement poncer les panneaux et bien nettoyer les moulures. Si l'on veut faire un travail de décor très-propre, ces précautions sont indispensables. Laissez un intervalle assez long entre chaque couche pour leur donner le temps de bien durcir ; diminuez un peu d'épaisseur à chaque couche, de manière que la dernière ne soit presque qu'un glacis, et poncez à chaque fois, afin d'avoir un fond bien lisse et bien propre. Le fond étant sec et convenablement durci, d'après les précautions indiquées ci-dessus, procédez au travail du chêne, dont la teinte se compose de la manière suivante : faites dissoudre de la cire jaune dans de l'essence, en la râpant très-fine, pour qu'elle se dissolve plus facilement ; on peut aussi se servir du bain-marie, c'est-à-dire mettre le vase qui contient la cire dans de l'eau bouillante, ce qui forme une espèce d'encaustique.

Ayez un camion très-propre ; détrempez d'abord la cire avec de l'essence, puis la terre d'ombre calcinée; mettez de l'huile de lin ; mais laissez la teinte un peu épaisse, attendu que, devant être passée ou tamisée, elle se trouve éclaircie naturellement. Écrasez du blanc d'Espagne très-fin pour retenir, et mettez-en un peu dans la teinte. Quelques personnes ont l'habitude d'employer l'huile grasse pour faire sécher ou retenir la teinte. L'huile grasse est, non-seulement inutile, mais elle est même nuisible pour faire sécher. Il est préférable d'employer la litharge infusée dans l'essence qui aura servi à détremper la teinte. Il faut passer cette teinte dans un tamis bien fin et dans un autre vase que celui qui a servi à la détremper ; il faut l'éclaircir à mesure qu'elle passe dans le tamis, et mettre une quantité d'huile suffisante pour qu'elle ne prenne pas trop vite, ne s'enterre pas et soit facile à travailler ; proportionnez également la quantité de cire à celle de la teinte que vous avez à faire, et faites-la plus ou moins claire en proportion du ton du fond. N'oubliez pas qu'il ne faut jamais, pour avoir de la transparence, mettre une teinte foncée sur un fond clair, cela fait un travail malpropre.

La teinte ainsi tamisée et portée à son degré, procédez au travail du chêne ; glacez d'abord les parties que vous devez exécuter en étendant le glacis d'une manière égale, bien à sec, et la teinte bien étendue sans laisser de noir dans les creux ou *tarabiscots* des moulures ; nous disons bien à sec, parce que le travail est plus facile et plus propre, ce qui est la beauté du chêne et des décors en général. Il ne faut glacer que ce que l'on croit pouvoir terminer, car si l'on en glaçait trop, on s'exposerait à voir le travail se sécher trop tôt, ce qui nécessiterait à recoucher de teinte, en un mot, à recommencer. Une pareille faute pourrait amener une foule de désagréments : cela serait du temps et de la marchandise perdus, et quelquefois même un travail complétement manqué.

Ayez des peignes de cuir de plusieurs grains ; vous en trouverez chez les marchands de couleurs, si vous ne pouvez les faire vous-même. Il y a aussi des peignes d'acier, de tous les grains, de toutes les dimensions ; ceux-ci sont pour finir, pour nettoyer, pour rendre le travail plus fin, en passant par-dessus le peignage primitif des peignes de cuir.

Ayez de la toile à tenture neuve, pour faire des effets avant de peigner. Ainsi, supposons un panneau, une partie quelconque glacée : prenez la toile, c'est-à-dire un morceau que vous passerez, en marquant assez fort avec les doigts, de manière à former une espèce de veinage ; indiquez des oppositions ; adoucissez par endroits avec une brosse plate, passez ensuite le peigne ; si vous voulez obtenir un moiré, ondulez en descendant, et repassez ensuite le peigne d'acier, du grain que vous jugerez convenable, droit par-dessus l'autre ; cela formera un moiré. Nous ne pouvons préciser le grain dont on doit se servir : ceci est l'affaire du goût de l'exécutant.

Pour les champs, il faut bien indiquer les coupes, bien apparer son travail en lui conservant dans son ensemble une teinte locale. Procédez ensuite au travail de la maille, qui se fait au moyen d'une bande de drap de billard, ce drap étant dans les conditions convenables, c'est-à-dire ne teignant pas ; il est bien entendu qu'il faut du vieux drap, ou, à défaut, du calicot. Avec l'ongle de la main droite, sur lequel vous mettrez l'étoffe, vous dessinerez la maille que l'on peut, du reste, étudier à chaque instant sur la *nature* ; il faut faire glisser l'étoffe à mesure, afin qu'elle soit toujours très-propre pour enlever net ; passez ensuite un peigne d'acier à gros grains, pour adoucir la maille et lui donner le grain.

Si vous voulez former des nœuds, essuyez entièrement avec la toile la partie qui doit les recevoir ; dessinez-les avec la teinte de chêne, en vous servant d'une brosse convenable à cet usage, c'est-à-dire plus ou moins fine. Adoucissez ces nœuds dans leur sens, c'est-à-dire en remontant ou en descendant ; passez ensuite un peigne d'acier à gros grains par-dessus ce travail pour former définitivement le grain.

Quand cette ébauche sera sèche, vous procéderez

au glaçage qui doit terminer, adoucir, retirer le cru du peignage et former les oppositions.

Vous glacerez ensuite à la palette : vous aurez pour cela du noir de charbon broyé à l'huile, et, dans le godet à palette, de l'essence presque pure ; vous prendrez une brosse plate, propre à servir presque de veinette, vous la tremperez dans le godet, et vous prendrez un peu de noir extrêmement liquide, que vous passerez en veinant sur les parties maillées. Par exemple, sur d'autres parties vous pourriez passer en spaltant de la teinte de chêne tout à fait claire ; vous pouvez également glacer en plein, mais dans ce dernier cas, vous ferez, dans un camion, un glacis très-clair, composé de la teinte primitive ; spaltez quelques parties, laissez sécher et bien durcir avant de vernir. Si vous voulez un fond mat et ciré par-dessus le vernis, passez un encaustique en faisant comme pour cirer un meuble, c'est-à-dire, prenez de la cire dissoute et frottez avec un morceau de drap, mais en ayant soin d'étendre cette cire sans empâter ni crasser ; cette manière donne assez de cachet et de vérité, car le vieux chêne généralement est mat.

S'il y a du filage à exécuter, attachez-vous, pour les clairs, à demeurer parfaitement dans le ton, et ne faites pas trop blanc pour les ombres, surtout dans le chêne ; ne mêlez pas de blanc avec la terre d'ombre que vous emploierez ; employez-la plus ou moins liquide selon la force ou la vigueur que vous voulez donner, soit pour les repiqués, soit pour les parties

adoucies ; étudiez bien les jours, qui, une fois adop-
tés d'un côté, ne doivent plus varier.

Le motif du panneau du milieu est une copie à faire :
après avoir dessiné le paysage qui sert de motif, on
commencera par le ciel, que l'on exécute avec du bleu
d'outremer, ou du bleu de cobalt et du blanc de plomb,
en faisant quelques effets de nuages avec du blanc
d'argent ; graduez la teinte générale pour éloigner ;
faites moins foncé ; indiquez l'horizon par un ton réchauffé, quoique très-clair, avec une pointe de vermillon
et un peu de jaune de Naples ; les montagnes doivent
se détacher sur le ciel, mais dans une teinte vaporeuse
et s'indiquant sans raideur.

Le feuillage doit être gradué de la même manière ;
dessinez et indiquez plus vigoureusement à mesure
que vous atteignez le premier plan ; ébauchez d'abord
ces masses de feuillage, arbres et terrains, et revenez
par des clairs de manière à découper les uns et les
autres d'une manière lisible, avec des oppositions de
teintes et de masses, soit de feuilles ou d'arbres.

Les animaux formant le sujet devront également
recevoir une ébauche. Attachez-vous d'abord à bien
dessiner l'un et l'autre ; ébauchez ensuite, sans gâter
le dessin, en observant bien les teintes pour les ombres destinées à faire tourner, à donner la vérité, le
velouté de la robe de l'un et du plumage de l'autre.

Nous ne pouvons, pour ceci, donner d'explications
autres que celles déjà données ; on n'a qu'à copier,
mais les personnes qui seraient appelées à exécuter ce

motif, doivent l'étudier avant de l'entreprendre. (Voir notre planche n° 20.)

Bois de citronnier.

Pour exécuter un cœur ou gerbe de citronnier, il faut, comme tous les bois (ceux des îles surtout) sont un travail d'ébénisterie), que les fonds soient traités le mieux possible.

Le fond de ce bois exige un ton de pierre très-frais. On composera donc la teinte en prenant d'abord une quantité de blanc de céruse proportionnée au travail à faire, plutôt un peu plus que moins, car il est rare que l'on puisse arriver à reproduire exactement la teinte une seconde fois. Dans tous les cas, il vaut mieux prendre cette précaution puisque, si l'on en a préparé trop, on peut toujours trouver à l'utiliser. On teinte la céruse avec de l'ocre jaune broyée bien fine, pour rendre le ton plus fin, et l'on y ajoute un peu de jaune de chrôme, en évitant toutefois d'aller jusqu'à la teinte dite *beurre frais*. On nous comprendra facilement en examinant les parties claires de la planche 16 de notre Album. On détrempera le tout avec de l'essence de térébenthine en y ajoutant au besoin un peu d'huile, mais bien peu, pour éviter de faire graisser le fond. On obtient un prompt séchage avec n'importe quel siccatif, mais il ne faut pas employer l'huile grasse qui a l'inconvénient de faire faïencer.

8

Il faut passer, autant que possib'c, la teinte avec un tamis très-fin, car on ne saurait prendre trop de précautions pour la propreté des fonds, si l'on veut obtenir un travail soigné et représentant bien un placage très-uni. Cette observation s'applique aux travaux que l'on veut bien soigner : ceci, du reste, regarde l'entrepreneur, et dépend des conventions faites avec le client.

La dernière couche étant sèche, bien lissée avec une brosse plate, dite à blanc de zinc, et bien poncée avec du papier de verre très-fin, on procédera au travail du bain, dont la teinte se compose de la manière suivante : terre de Sienne naturelle, broyée à l'eau et détrempée dans un camion ou tout autre vase bien propre, avec de l'eau, pour faire un glacis plus ou moins liquide, selon le ton plus ou moins clair que l'on voudra obtenir, puisque ce n'est que par ce moyen que l'on peut foncer ou réclaircir, ces couleurs ne pouvant supporter ni le blanc, ni aucune couleur non transparente, comme les couleurs à l'huile, par exemple : blanc, jaune, rouge, etc., etc. Pour éviter de faire trop jaune ou trop vert, ce qui arrive quelquefois avec de certaines terres teintant plus ou moins, quoique de même nature, on ajoutera un peu de terre de Sienne brû'ée pour réchauffer la teinte. Voir le ton de la planche. — Cette teinte étant ainsi composée et bien détrempée, on peut faire le mélange sur la palette en manipulant ces couleurs ensemble avec le couteau à palette ; on commence par essayer avant de détremper.

Ce travail est presque le même que celui de l'acajou, sauf le ton et quelques modifications qui vont être
détaillées ci-après.

Étendre son glacis sur la partie que l'on veut exécuter, avec une brosse plate; selon nous, c'est le
meilleur instrument pour cette opération. Il faut
qu'elle n'ait jamais servi à l'huile, et qu'elle soit d'une
force et d'une dimension moyennes; égaliser ensuite
ce glacis avec une clairette assez large et non usée,
pour bien l'égaliser et l'empêcher de couler.

Il faut que ce glacis, qui doit supporter des spaltées
et des enlevées faites à l'éponge, ne soit pas trop clair
pour qu'il reste des oppositions. Tout ceci doit s'exécuter très-vivement, car les couleurs à l'eau sèchent
très-promptement. Il serait nécessaire, pour bien
faire, de mettre le glacis un peu plus grassement où
l'on doit former la gerbe.

On prend ensuite ce que l'on appelle un martinet
en peau très-souple; ce martinet doit être très-fin, en
peau de daim, par exemple; on mouille l'instrument,
puis on le presse pour qu'il ne reste qu'humide.

L'exécution de la planche 16 commence par en bas,
le travail devant y être plus large, et vous aurez soin
de lui donner une inclinaison et une ondulation convenables. Pour faire cette opération, on tient par les
deux bouts l'instrument que l'on traine de bas en haut
en appuyant plus ou moins, selon que l'on veut marquer son passage; on lavera plusieurs fois le martinet
pour enlever très-vif, et l'on finira ce que l'on n'aura
pu obtenir de cet instrument avec la clairette pour

parfaire la forme de la gerbe ; on adoucira avec le blaireau de gauche à droite toujours en remontant et dans le sens du travail, et l'on formera le *plumet ;* on fera ensuite, comme il est indiqué sur la planche, quelques spaltées en travers avec la clairette, et l'on terminera par quelques traînées à l'éponge sans enlever tout le glacis. Il faut aller plus ou moins verticalement selon l'inclinaison de la gerbe, et adoucir en travers ; les spaltées doivent être faites d'une manière inégale afin que l'on ne puisse les compter ; on peut entremêler quelques traînées faites avec les doigts presque serrés pour rompre la régularité, les unes plus marquées que les autres, mais toujours adoucies assez à temps pour qu'il n'y ait pas de reprises, ce qui arriverait si le travail était trop lent. Il ne faut pas que la teinte épaisse ait eu le temps de sécher, car elle doit être enlevée de manière à ne laisser qu'une très-légère humidité. Nous répéterons encore que, pour faire ces bois et en assurer la réussite, la promptitude dans l'exécution est une condition indispensable.

Nous n'avons rien de plus à dire pour l'ébauche dont nous avons essayé de rendre l'explication la plus claire possible. Nous allons maintenant aborder l'exploitation du veinage à exécuter, l'ébauche étant sèche.

Prendre une veinette d'une moyenne largeur, afin de pouvoir la conduire plus facilement ; la passer sur le démêloir pour lui donner le grain de veine que l'on désirera obtenir, prendre du glacis qui a servi pour l'ébauche, l'éclaircir un peu, si besoin est, avec de l'eau.

Il faut que les veines se lisent, cependant sans être
trop dures. Ce glacis doit être dans le godet à palette;
frotter la veinette sur cette palette, la passer sur le démêloir, puis commencer le veinage sur le bas du panneau en tenant la veinette sur le côté, pour faire le
grain plus resserré sur les côtés que sur le milieu.
Quand l'on arrive au milieu, on redresse la veinette
sur son plat pour l'incliner également dans tout le reste
du parcours, et ainsi de suite jusqu'en haut du panneau. En suivant nos indications on obtiendra le résultat et la forme. Pour exécuter le petit nœud qui
existe sur la planche, il faut prendre une brosse très-
fine et dessiner ce nœud sans copier exactement, en
ménageant des oppositions, et en évitant de se répéter; ensuite on continue le veinage en passant fréquemment la veinette sur le démêloir pour lui conserver son grain et pouvoir faire suivre exactement les
ondulations du nœud, sans cependant trop d'unifor-
mité dans les veines; car il ne faut pas, comme nous
l'avons dit plus haut, qu'on puisse les compter, ni que
l'on puisse voir avec quoi ou comment elles ont été
faites; il faut aller très-vite avant que le travail ne soit
sec, pour pouvoir adoucir la partie ronceuse, en remontant la partie verticale en travers ; le nœud peut
être disposé sur la planche. soit en descendant, soit en
remontant, selon la forme qu'on aura voulu lui donner. Vous devez avoir sur la palette un peu de teinte
composée des mêmes matières que celles détrempées
et que vous aurez mises de côté à cet effet; vous en
prendrez légèrement avec la veinette presqu'à sec,

8.

et vous achèverez de dessiner la gerbe avec cet
instrument, en commençant, si vous voulez, par le
côté gauche dont vous tracerez d'abord le bas, et
ainsi de suite en rétrécissant; agissez de la même
manière pour le côté droit, en passant dans les
mêmes traits que l'ébauche : c'est le moyen de donner
plus de vigueur à la base de la gerbe. Il ne faut pas cependant que le travail soit trop accentué, mais au contraire adouci de droite à gauche, dans son sens, sans
cependant trop appuyer, pour conserver la netteté des
lignes.

Le travail du champ étant de même nature, on l'exécute de la manière suivante : étendez la teinte comme
il a été dit pour le panneau, en observant que tout ce
travail doit être assez calme, fait à l'éponge, et toujours extrêmement propre. Il doit être adouci en travers, en ayant soin de bien indiquer les coupes par
une opposition de ton ou de travail.

N'oubliez jamais, quand vous aurez terminé une
opération quelconque, d'essuyer autour du panneau ou
du champ, de manière qu'ils soient coupés, l'un ou
l'autre, par un trait de crayon ou une moulure, la
perfection du travail exigeant une propreté irréprochable.

Racine d'érable

Faire un glacis composé de terre de Cassel broyée à l'eau, en y mêlant un peu de laque rose pour rendre le ton plus fin ; faire des spaltées avec la clairette toujours bien propre, afin que ces spaltées soient plus nettes, et toujours en travers ; aller très-vite pour cette opération, ce bois devant s'exécuter à l'*eau* ; faire avec les trois premiers doigts, et même plutôt avec les ongles, de petites masses de nœuds, en les frappant très-légèrement afin de les faire moins gros ; ce travail est coquet et gentil à exécuter. Tous les bois des îles d'ailleurs sont agréables à l'œil quand ils sont bien compris. Adoucir le tout avec le blaireau dans le sens adopté.

Il est bien entendu que le glacis est plus ou moins fort, selon le ton que l'on veut donner, c'est-à-dire plus ou moins gris, ce qui s'obtient en ajoutant un peu de noir. La planche représentant l'ensemble d'une salle à manger, planche 5 de notre Album, on ne peut pour l'œil donner différents tons.

Le travail ci-dessus expliqué étant sec, passer un veinage, en se servant d'une queue de morue appelée à cet effet veinette, avec la même teinte réclaircie afin de ne pas faire trop dur ; adoucir d'ailleurs, toujours comme il a été expliqué plus haut, faire quelques nœuds dans le sens du veinage, avec un crayon terre de Sienne nouvelle, si le travail est exécuté un peu jaunet, expression qui indique que cette teinte doit être peu sensible. On trouve ce genre de crayons chez les marchands de couleurs; ils sont préparés exprès en toutes nuances; faire ensuite quelques petits pointillés avec une brosse très-fine sur les petits nœuds, en les massant par deux ou trois.

Pour le filage, les ombres s'exécutent avec de la terre d'ombre broyée à l'huile; quoique ce bois soit exécuté au procédé, on peut faire ce filage avant de vernir, si c'est à l'intérieur, car ce travail peut attendre. Il n'en est pas de même pour les palissandre, acajou, et en général pour tous les bois où la laque compte pour beaucoup; le filage fait de cette manière est plus facile à exécuter.

Pour les clairs, se servir de la teinte de fond comme il sera dit à la description de la racine de frêne, en ajoutant un peu de blanc. Pour les moulures, où il y a nécessairement des adoucis pour faire tourner, on peut mettre un peu d'huile de lin, ce qui rend ces adoucis plus faciles à fondre.

Nous avons donné d'assez longs développements à l'explication de cette planche, afin d'en rendre l'exécution facile aux peintres décorateurs. Voir, pour l'exécution du travail, la description de la racine de frêne.

Racines de frène et de palissandre.

Les panneaux en racine doivent être traités sur un fond de pierre un peu soutenu, entre la teinte chamois et la pierre. La teinte doit être composée de blanc de céruse et d'ocre jaune que l'on détrempe de préférence à l'essence, le broyage des couleurs contenant assez d'huile. Cette racine étant faite à l'eau, le fond serait sujet à graisser, malgré la précaution indiquée ci-dessus; si ce cas se présente, on pourra y remédier en prenant un peu de blanc d'Espagne avec une éponge légèrement imbibée d'eau, ou bien un peu de terre de Sienne naturelle broyée à l'eau ; mais il faudra avoir bien soin de laver complétement la partie qu'on aura frottée, afin de ne pas tacher le fond et de ne pas en détruire la transparence.

Pour exécuter ce travail, il faut employer la terre de Sienne, naturelle et brûlée, et la terre de Cassel ; glacer le panneau, mais par partie, à mesure qu'on en a besoin. Ce travail demande à être fait vivement, car il sèche très-vite; après avoir passé le glacis, prendre une brosse longue en soies, nommée ébouriffoir, et figurer le travail indiqué sur la planche. En prenant de la teinte, selon ce qu'on veut obtenir, faire quelques masses de nœuds au moyen d'une petite brosse qu'on fait tourner dans les doigts de la main droite en prenant toujours un peu de teinte. Les grouper de manière à ce que l'ensemble en soit gracieux et par petits groupes.

Le panneau étant sec, prendre, pour terminer le travail, une veinette de laquelle on forme les soies au moyen d'un démêloir; veiner en travers du travail précédent, en prenant sur la palette de la teinte de l'une des couleurs indiquées plus haut; mais il ne faut pas que cela soit trop apparent. Donner également et par partie un jus de laque rose, et adoucir avec le blaireau dans les trois sortes d'opérations, et toujours en travers et dans le sens adopté; on peut mettre aussi à quelques endroits sur les nœuds un peu de bleu de Prusse très-clair, de manière à ce que cela ne donne qu'une petite teinte verdâtre qui se rencontre aussi dans cette nature de bois.

Les panneaux du lambris en palissandre, ainsi que les champs, se font sur une teinte d'un ton assez vif, composée d'ocre jaune, très-peu de blanc et un peu de mine orange que l'on peut remplacer par un peu de minium. Détremper le tout avec de l'essence, un peu d'huile, mais en petite quantité, faire sécher, soit avec du zumatique ou de la litharge *infusée* ou broyée.

Le fond étant sec, donner un glacis composé de laque rose et de terre de Sienne brûlée ; le fond étant humide, dessiner avec un crayon Conté les nœuds comme sur la planche, les adoucir toujours dans le même sens en laissant la partie qui doit former le cœur du bois plus claire; foncer avec du noir d'ivoire ou un peu de terre de Cassel les autres parties, en appuyant ferme avec une brosse pour veiner, toujours en tortillant légèrement la brosse. Cette planche est le n° 4 de notre **Album**.

Le stilobate en citron, se fait sur un ton de pierre avec de la terre de Sienne naturelle broyée à l'eau, et un peu de terre de Sienne brûlée broyée également; faire dans un vase propre un petit glacis, plus ou moins foncé, selon ce qu'on veut obtenir, étendre ce glacis avec une brosse d'un pouce ou une brosse plate; faire des spaltées ou quelques touches à l'éponge, légèrement mouillée, mais toujours très-propre; adoucir ensuite avec le blaireau, en travers du travail, sans laisser de trace du passage de cet instrument.

Quant au filage des moulures, il faut pour les ombres prendre de la terre d'ombre sans mélange de blanc; pour les repiqués, employer la terre d'ombre plus épaisse, et avoir la précaution de bien adoucir les parties qui doivent tourner : pour les clairs, prendre de la teinte du fond dans laquelle on ajoute un peu de blanc, broyé à l'huile, bien entendu.

Bois de noyer.

Nous commencerons par donner l'explication pour l'exécution du filage, pour imiter les panneaux de fronton de la porte et les tables saillantes, quelle que soit du reste leur distribution.

Les ombres doivent être proportionnées à la saillie que l'on veut donner. On emploie, pour les produire, de la terre d'ombre naturelle, sans aucun mélange de blanc, ce qui donnerait un ton sable.

Pour les clairs, ne jamais prendre de blanc pur, mais se servir de la teinte de fond, à laquelle on ajoute du blanc de céruse ou de zinc ; éviter de faire ces clairs trop vifs.

Le fond de la porte en noyer exige un ton de bois soutenu. Il s'obtient avec du blanc de céruse broyé à l'huile, ou du blanc de zinc. Le premier est préférable, quoique plus cher, parce qu'il est plus facile à employer, couvre mieux et demande moins de couches. On le mêle d'ocre jaune broyée bien fine, en y ajoutant un peu de mine orange pour rendre le ton plus vif ou plus frais.

L'exécution du bois de noyer réussit mieux à l'huile qu'au procédé. Il ne faut pas faire le fond trop clair. Le décorateur doit, pour rendre son travail plus transparent, se servir de ses couleurs dans l'état le plus liquide possible.

Comme décoration, le travail de cette planche s'exécute de la manière suivante :

Les couleurs à employer sont : 1° Terre de Cassel ; 2° terre de Sienne nouvelle, brûlée ; 3° noir et bleu de Prusse, ces couleurs broyées à l'huile et sans aucun mélange de blanc.

Donner un glacis très-limpide, composé de terre de Sienne nouvelle. Le dessin des nœuds eu ronces se fait avec du crayon Conté, n° 2. Coucher d'abord la partie que l'on veut exécuter avec le glacis désigné ci-dessus.

Adoucir ces nœuds avec une queue de morue très-douce, de manière à les rendre moins secs et plus transparents.

Laisser sécher cette ébauche ; reglacer ensuite avec des couleurs broyées à l'eau : terre de Cassel, terre de Sienne nouvelle ; enfin donner un glacis général.

Sur les parties veinées par le crayon faire des spaltées avec une clairette, ces spaltées adoucies en travers, sans que l'on aperçoive les traces du blaireau, ni que l'on puisse voir comment cela a été fait.

Sur les parties plus claires, faire quelques fouettées en travers, et adoucies comme il a été dit ci-dessus.

Ce travail étant sec, vernir, si c'est à l'intérieur, avec du vernis copal, à faux bois ; à l'extérieur, avec du vernis gras, toujours à faux bois.

Comme dernière observation, nous recommanderons d'éviter, pour le travail et pour les fonds, de se servir d'huile grasse pour faire sécher ; une infusion de litharge dans de l'essence est toujours préférable. Cette planche porte le n° 1 de notre Album.

Racine d'orme.

Dans la racine d'orme, comme dans les autres bois, la nature nous offre des tons plus ou moins foncés, que l'on approprie à ce que l'on veut reproduire, ainsi qu'à l'endroit où l'on exécute ; ceci est affaire de goût et de raisonnement. Dans ce cas, on prépare son fond en conséquence ; mais il ne faut jamais faire un fond

trop clair, par la raison que, mettant une teinte foncée sur un ton clair, on serait obligé de charger en
couleurs, ce qui supprimerait la transparence. En
outre, les couleurs pour les bois se faisant à l'eau sont
sujettes à disparaître quand on vernit, surtout aux
endroits, par exemple, où il se trouve des parties saillantes, des moulures sur les arêtes. Ces lacunes sont
tout à fait disgracieuses. Sur un fond un peu soutenu,
proportionnellement au travail que l'on veut exécuter,
on travaille plus facilement et l'on fait beaucoup plus
propre; le beau des bois, comme des marbres, ce sont
les glacis dont on se sert pour ces deux genres d'opérations.

Le fond de la racine de la planche **21** de notre Album demande un ton de pierre un peu soutenu, mais
bien frais et un peu chaud de ton; il se compose de
blanc de céruse et d'ocre jaune, auxquels on ajoute
une pointe de rouge pour le réchauffer. On pourrait,
pour donner plus de finesse de ton, remplacer l'ocre
rouge par une pointe de vermillon; on pourrait également y ajouter une pointe de jaune de chrôme. On
peut cependant obtenir ce ton avec moins d'embarras
en se servant du premier moyen, qui est très-bon.

Détrempez cette teinte avec de l'essence de térébenthine, en y ajoutant, si c'est à l'extérieur que l'on
exécute ce travail, un peu d'huile de lin, mais très-
peu, cela fait graisser les fonds et rend le travail beaucoup plus long et plus difficile à exécuter. Si parfois
cet inconvénient se présente, vous prendrez une
éponge, légèrement imbibée d'eau, que vous frotterez

sur la partie que vous voulez faire. Vous pourrez aussi prendre un peu de blanc d'Espagne ou de terre de Sienne nouvelle broyée à l'eau ; cela aide à dégraisser, mais il faut laver avec soin après cette opération, pour qu'il ne reste rien de celle des deux matières que vous aurez employée.

La teinte de fond étant détrempée, ainsi que nous l'avons expliqué, passez-la dans un tamis bien fin; car, pour l'apprêt de ce bois, on ne saurait prendre trop de soins; poncez avec du papier de verre très-fin, à chaque couche que vous aurez à donner, adoucissez bien en donnant ces couches de fond, et n'employez pas les teintes trop fortes, mais réclaircissez un peu la dernière pour que le travail ne soit pas cordé.

Si vous voulez faire sécher, ce qui n'est pas indispensable, puisque la teinte est détrempée à l'essence, vous pouvez employer la litharge, infusée dans l'essence ou broyée, ou le siccatif zumatique; mais évitez l'huile grasse, qui aurait ici l'inconvénient de faire faïencer ou clocher, ce qui est excessivement désagréable pour l'entrepreneur chargé de ce travail.

Vous commencerez le travail quand vous jugerez le fond assez sec ; il ne faut pas attendre trop longtemps, car le fond, s'il n'était pas pris à temps, pourrait avoir l'inconvénient de graisser, comme il a été dit plus haut. Ayez sur votre palette une teinte composée de terre de Cassel et de terre de Sienne naturelle et brûlée, bien mélangées ensemble; mais proportionnées au ton à obtenir. Si l'on veut le ton de la planche, il faudra que la terre de Sienne brûlée do-

mine ; mais il ne faut pas l'amener de suite aussi foncée qu'elle l'est réellement : il faut faire la réserve du
glacis que l'on doit donner pour finir, comme il sera
dit. Une partie de la teinte que l'on aura mélangée en
pâte sur la palette devra se détremper avec de l'eau
dans le godet à palette. Cela donnera une teinte locale
pour glacer la partie que l'on veut exécuter.

Il ne s'agit jusqu'à présent que de la préparation
au travail de la racine d'orme. Voici pour l'exécution :
glacez le panneau avec une brosse plate ou une petite
topette qui n'ait jamais servi à l'huile, en étendant la
teinte assez grassement pour pouvoir travailler plus
facilement et donner plus de velouté en adoucissant ;
faites des effets en clair, soit avec la clairette, soit
avec un morceau de peau de daim bien souple, trempée dans l'eau et pressée, afin qu'elle ne soit qu'humide ; mais n'oubliez pas que chacun de ces instru-
ments doit être lavé souvent ; ne faites les effets, ni
égaux, ni raides, ménagez quelques parties plus foncées ; consultez, d'ailleurs, le travail de la planche ;
prenez ensuite une brosse longue de soie pour faire
des effets de racine, en ébouriffant cette brosse, en la
faisant aller d'un sens à l'autre, en ondulant pour
former des masses ; tournez cette brosse en lui faisant décrire son travail, ménagez quelques parties
pour former des nœuds, faites quelques effets en appliquant l'éponge à quelques endroits pour calmer,
adoucissez les spaltées, chacune dans le sens qu'on lui
aura donné, mais très-peu sur les traces de racine ; allez
très-vite, car ce travail doit se faire étant frais, sans

quoi l'on verrait le passage du blaireau, et il n'y aurait pas le velouté nécessaire pour la perfection du
bois; formez toujours, pendant que le glacis est frais,
des nœuds par masses, comme on peut le voir sur la
planche, en faisant tourner vivement la brosse entre les
trois premiers doigts. Prenez ensuite, comme vous
avez dû le faire, pour former quelques oppositions dans
les effets, avec la brosse qui aura servi pour ces effets
ou pour les nœuds, prenez, disons-nous, de la teinte
qui doit se trouver sur la palette, et, si vous le jugez
à propos, faites avec une brosse plus petite des nœuds
plus petits par dessus les premiers; mais toujours par
groupe de deux ou trois, tout cela bien compris et ar-
rangé de manière à ce qu'ils ne soient pas trop durs
et à ce que l'on ne puisse pas les compter. Adoucissez
avec le blaireau dans un sens adopté, mais légèrement,
de manière à ne pas éteindre, ni effacer les nœuds;
nous répétons que l'on doit aller très-vite, puisque
tout ce travail se fait tout ensemble, et avant que le
glacis n'ait eu le temps de sécher.

Cette opération que l'on nomme ébauche étant faite,
pour terminer, après avoir laissé sécher, on peut,
comme généralement l'on a plusieurs parties à faire,
procéder à l'ébauche entière avant de finir; il faut,
autant que possible, ne pas attendre du jour au lendemain, sans quoi les parties claires pourraient graisser et rendre le travail presque impossible sans le
secours de l'éponge, qui, en passant sur l'ébauche,
détériore le velouté, le fini du travail.

Prenez pour terminer, une brosse plate très-douce,

de moyenne force, afin de pouvoir la faire agir facilement pour passer quelques glacis faits avec la teinte primitive, mais réclaircie de manière à ce qu'elle ne fonce que peu le travail et lui donne la transparence convenable. Vous avez dû, dans l'ébauche, enlever hardiment les clairs très-prononcés et les effets de brosses bien indiqués pour former les dessous; étendez le glacis en travers des spaltées, appuyez légèrement par endroits sur le blaireau, pour former des veines; mais tout cela sans raideur et légèrement onïulé. Vous pouvez également, pour former des oppositions sur les endroits où vous n'avez pas glacé, faire quelques veines en travers du travail exécuté, avec la veinette, en prenant de la teinte sur la palette. N'adoptez pas un sens général, au contraire, variez de ton et de travail, adoucissez les veines, toujours dans le sens que vous leur aurez donné.

Pour le travail de veinage apparent, qui existe sur notre planche, vous vous servirez d'un crayon préparé pour cet usage; on en trouve de préparés pour tous les tons, chez les marchands de couleurs à Paris.

Vous pouvez arranger ce travail du crayon pendant que le glacis est encore frais, cela lui donnera plus de solidité et le travail sera plus facile; voir, du reste, pour l'arrangement, ce qui est exécuté sur notre planche.

Faites ensuite, avec une petite brosse, quelques points sur les nœuds déjà formés, arrangez-les par petites masses de deux ou trois sur quelques nœuds; entourez quelques-uns de ces nœuds avec cette petite brosse, en agissant toujours par masses, et en laissant des repos. Pour former des oppositions, prenez de la teinte qui est sur la palette; adoucir légèrement avec le blaireau le travail dans le sens que vous voulez lui donner.

Quand ce travail sera sec, vous pourrez vernir; les teintes ayant été employées, comme nous l'avons expliqué, en glacis, on n'a pas à craindre qu'elles viennent à dépouiller. On ne devra ajouter aucun mélange à ces couleurs, qui, détrempées à l'eau, ont seules, par leur préparation, toutes les qualités pour tenir d'elles-mêmes.

Le champ de notre gravure est en vieux chêne et exige un ton un peu soutenu, la teinte avec laquelle se fait ce travail devant être en glacis et ne teintant que par la couleur employée réellement, relativement au ton que l'on veut donner.

Pour le fond, faites une teinte entre la couleur de bois et la teinte de pierre foncée, ajoutez-y du blanc de céruse broyé à l'huile et de l'ocre jaune, et, pour amortir le ton jaune qui pourrait résulter du mélange de ces deux couleurs, ajoutez un peu de noir, très-peu, pour ne pas faire trop vert. Pour éviter cela, il faut réchauffer le ton avec une pointe de rouge, ou bien proportionner la teinte au ton plus ou moins foncé que l'on voudra donner au chêne.

Pour exécuter le vieux chêne, il faut une teinte ou glacis, composée de la manière suivante : mettez d'abord infuser de la cire dans de l'essence, et quand elle sera bien dissoute et amenée à l'état d'encaustique, vous la détremperez complétement dans le camion ou vase qui devra servir à faire la teinte de chêne ; mais il n'en faut mettre qu'une petite quantité. On emploie la cire pour éviter que la teinte, qui doit être très-claire, ne coule ou ne pleure, et aussi, pour faciliter le peignage qui doit être très-net. Pour arriver au ton du vieux chêne, il faut employer de la terre d'ombre brûlée, broyée à l'huile, que l'on détrempera avec cette cire, de l'essence de térébenthine et une quantité d'huile de lin suffisante.

Pour que la teinte ne prenne pas trop vite et puisse se peigner facilement, on peut mettre une petite quantité d'huile grasse qui facilitera le séchage, mais il serait préférable de faire infuser de la litharge dans l'essence, et de se servir de cette essence pour détremper la teinte que vous passerez ensuite dans un tamis bien fin ; il faut l'éclaircir en lui conservant, toutefois, le ton que l'on veut lui donner. Il est indispensable que cette teinte soit très-limpide et très-propre ; c'est par cette raison que l'on doit faire le fond assez soutenu, pour ne pas être obligé de faire la teinte trop forte. Avant de la passer, on pourra écraser du blanc d'Espagne bien fin, et en mettre une petite quantité pour employer moins de cire ; cela épaissit la teinte sans la foncer et résiste au peigne.

Ne glacez que ce que vous jugerez pouvoir peigner, car cette teinte peut prendre très-vite, et le travail deviendrait impossible. Vous seriez obligé de recoucher le fond, ce qui ferait double emploi.

Glacez, bien à sec et d'une manière bien égale, la

partie que vous voulez exécuter, puis adoucissez-la avec la brosse plate. Il y a, dans le champ de cette planche, quelques nœuds de chêne ; pour les exécuter, vous devrez essuyer avec de la toile à tenture la partie destinée à en recevoir, jusqu'à ce qu'il ne reste que peu de teinte. Laissez le glacis presque entier aux autres parties ; dessinez votre nœud avec une petite brosse trempée dans la teinte, qui n'aura servi que pour glacer ; donnez-lui la forme que vous jugerez convenable, selon le sentiment de la nature. On voit assez communément du chêne où ce travail existe pour pouvoir l'étudier et varier sans se répéter. Cette opération faite, adoucissez en remontant pour étaler et étendre la veine, et passez-y un peigne d'acier dans le même sens, pour former le grain du bois.

Prenez ensuite un peigne de cuir ; il y en a de taillés de plusieurs grains plus ou moins gros. Par exemple, dans le champ où il y a un nœud, servez-vous d'un peigne de moyenne grosseur. Ne faites pas tout d'abord le peignage trop fin, puisque ce dernier travail doit épouser la forme de celui qui est déjà fait. En commençant par le haut du champ, formez définitivement le grain du bois, en passant le peigne d'acier d'un grain moyen, diagonalement, soit à droite, soit à gauche, sur le peignage déjà fait. Il existe également des séries de peignes d'acier de toutes forces, depuis le dentelage fin jusqu'au plus gros. Pour ce genre de travail, le peigne d'acier ne doit que rarement s'employer seul : on peigne d'abord avec le peigne de cuir, l'autre est pour finir, approprier le travail, adoucir et former définitivement le grain du bois. Sur des moulures, par exemple, il faut éviter de s'en servir; il pourrait enlever le fond sur les parties saillantes, car il ne peut, comme le peigne de cuir, se plier et entrer dans toutes les formes de ces mêmes moulures. Si vous voulez faire des oppositions, ce qui est indispensable, marquez les coupes, faites quelques parties moirées. Donnez le premier peignage, soit avec un gros peigne, soit avec un peigne moyen, soit même avec un peigne fin, en ondulant ou en tremblant, comme vous le préférez, mais sans raideur, et en ayant soin que les veines ne se mêlent pas, ce qui produirait un effet disgracieux. Le travail doit se suivre également dans toute la partie, avant de passer le peigne d'acier perpendiculairement du haut en bas de cette partie ; ce contraste de travail vous donnera une partie moirée. Vous pouvez encore former un autre genre d'opposition, en prenant un morceau de toile à tenture que vous passerez sur la partie de champ que vous voulez faire sans essuyer complétement. Il faut cependant appuyer assez fort pour marquer l'endroit où les doigts auront passé avec cette toile. Peignez ensuite par dessus, en ayant soin que vos coupes soient bien marquées et bien nettes.

Ce travail, qui se nomme ébauche, doit être tenu un peu au-dessous du ton que l'on désire, puisque, lorsqu'il sera sec, on devra adoucir le cru du peigne et faire quelques effets de spaltées avec la brosse plate en adoucissant le glacis, qui doit être extrêmement liquide et composé de la teinte primitive, réclaircie avec de l'essence pour ne pas faire faïencer. Pour cette seconde opération, on devra, du reste, laisser bien durcir l'ébauche; par mesure de prudence, comme nous venons de l'expliquer, on pourra en reglaçant rectifier et arrêter définitivement le ton que l'on désire. On peut même lui donner une teinte un peu grisâtre, qui existe quelquefois dans le chêne; il suffit, pour cela, d'y ajouter un peu de noir de charbon.

On doit aussi, surtout à l'extérieur, attendre, pour vernir, que ce travail soit parfaitement dur.

Nous espérons n'avoir rien omis des explications nécessaires relativement au travail du vieux chêne, qui forme le champ de la planche 21 de l'Album des peintres décorateurs.

Bois de Palissandre.

Pour obtenir ce bois plus facilement, on doit l'exécuter à l'huile, ce qui donne le temps de dessiner son travail au crayon Conté, dans le sentiment de la nature du bois dont nous nous occupons. Il faut aussi ajouter quelques effets à la brosse, avec du noir d'ivoire et un peu de terre de Cassel.

On emploiera d'abord, pour le fond, de l'ocre jaune avec très-peu de blanc de céruse, auxquels on ajoutera de la mine orange pour rendre le ton plus vif et plus chaud. Il faut éviter, pour les bois, de faire les fonds trop gras, mais pourtant ils doivent l'être assez pour ne pas fariner et pouvoir supporter le ponçage.

Ceci est très-important; ce bois devant être verni, si les fonds ne sont pas convenables, ils sont *disgracieux* et *désagréables* à l'œil, non-seulement au soleil, mais même sous un simple effet de jour.

Quand on veut faire tout à fait bien, il faut deux couches de vernis.

Pour exécuter ce travail, il faut d'abord faire un glacis composé de terre de Sienne brûlée et de laque rose; mais il faut que ce glacis soit très-limpide, et cependant assez gras pour qu'on puisse aisément dessiner son travail, comme il a été expliqué plus haut. Après l'avoir laissé sécher, on reglace le tout avec des couleurs à l'eau, laque et terre de Sienne brûlée. Ce glacis s'étend avec une brosse plate, et se lisse ensuite avec la clairette. Lorsqu'il est bien assis et qu'il ne coule plus, on fait quelques fouettées en travers, et l'on adoucit avec le blaireau, toujours dans le sens du travail. Il est bien entendu que l'on doit proportionner l'emploi des couleurs à la teinte plus ou moins foncée que l'on veut obtenir.

Dans la planche dont nous nous occupons, qui est la planche n° 2 de notre Album, il existe un petit champ qui accompagne très-bien le bois; il est en acajou neuf. Le fond doit être beaucoup plus clair que le palissandre, et composé seulement d'ocre jaune et d'une pointe de jaune chrôme, réchauffé d'un peu de vermillon; afin qu'il y ait une opposition assez marquée, faire le travail en passant une éponge très-propre, pour que les éclaircies soient bien nettes; adoucir en travers avec un blaireau pour faux bois. Ce travail s'exécute avec des couleurs à l'eau, laque et terre de Sienne brûlée.

Bois de Platane.

Ce bois est presque du genre, comme ton, du bois de maronnier. Il est peu travaillé; il existe bien quelques parties ronceuses, mais peu. Pour cette raison, on l'emploie souvent comme moulures en spaltées. Il se fait sur un fond de pierre très-clair. Si l'on est appelé à le faire en panneaux et que l'on veuille faire une ronce, on usera des mêmes moyens que pour le citronnier.

Ce bois est très-tendre de ton et un peu grisâtre. On peut le faire avec une pointe de terre de Sienne naturelle, un peu de terre de Cassel et un peu de noir, mais tout cela très-doux. Les spaltées ne devront pas être ondées comme dans l'érable, mais serrées et allongées. Lorsque l'on fait un panneau, on doit veiner avec la même teinte en travers des spaltées et laisser les veines un peu lisibles en adoucissant. Mais, nous le répétons, ce bois généralement ne s'exécute guère qu'en moulures, de manière à se détacher sur d'autres bois plus foncés, érable, citronnier, racines.

Bois Rose, vieux Noyer.

Le bois rose, pour avoir en peinture une complète réussite, demande des apprêts spécialement soignés. Les fonds doivent être enduits et bien poncés; on devra composer un ton de chair tirant sur le jaunet plutôt que trop rose. On composera cette teinte de blanc de céruse, d'ocre jaune, de vermillon, et, pour rendre le ton plus fin, d'une pointe de jaune de chrôme. Après avoir passé la teinte dans un tamis bien fin, on donnera les couches très-claires, détrempées presque à l'essence, et adoucies parfaitement avec une brosse plate.

Lorsqu'on sera pour exécuter le travail, comme nous l'avons dit plus haut, on devra passer un papier de verre très-fin, de manière à ne pas rayer le fond.

Il est bien entendu que ce bois doit être fait au procédé : on prendra le milieu de la partie que l'on doit exécuter, haut et bas, ensuite par le milieu horizontalement; on tracera avec un crayon une ligne sur chacun des points, ce qui donnera quatre parties égales; le trait de crayon doit être très-net et obtenu avec un crayon qui ne soit pas trop tendre. Ce trait devant disparaître quand le travail est terminé, et étant destiné à figurer un placage, on doit s'attacher à raccorder le mieux possible chaque partie du travail.

On procédera de la manière suivante : faites d'abord un glacis composé de laque et d'eau, mais très-peu teinté pour ne pas nuire à la netteté du travail ; ayez sur votre palette de la terre de Sienne brûlée et de la terre de Cassel ; glacez l'une des quatre parties que vous aurez tracées, en commençant par la première venue ; ayez une brosse de soie longue avec laquelle vous prendrez de la terre de Sienne brûlée ; passez votre brosse en diagonale sur le glacis, en appuyant assez pour que les pores du fil du bois soient bien lisibles et bien nets ; faites des parties plus accentuées pour former opposition. Quand vous voudrez former des nœuds, vous laisserez le glacis intact, et vous dessinerez avec de la sanguine le nœud ou travail que vous voulez faire ; adoucissez ensuite ce nœud avec le blaireau en l'étendant dans son sens, et vous aurez, par la réunion des quatre parties, un losange bien indiqué. Ce travail demande beaucoup de soins, de régularité, ainsi qu'une grande promptitude, les couleurs séchant extrêmement vite. Il faut avoir une clairette que l'on trempe souvent dans de l'eau très-propre afin d'essuyer parfaitement au bord du trait de crayon sans mordre dessus : il faut beaucoup de propreté. Vous passerez ensuite à une autre partie assez éloignée de celle que vous venez de faire pour lui donner le temps de sécher et pouvoir essuyer également, comme vous l'avez déjà fait, sans retirer le velouté du travail terminé ; quand vous aurez ainsi raccordé toutes les parties, vous laisserez sécher. Vous ferez ensuite un glacis composé de laque rose et d'une pointe de terre de Sienne brûlée, pour ne pas faire trop rose; ce glacis est destiné à terminer le travail, à lui donner le ton et la transparence nécessaires. Il ne doit pas, bien entendu, éteindre le travail, par conséquent il doit être peu teinté; il ne faut pas craindre cependant de faire un peu marqué, la laque tombant toujours assez, surtout au contact de l'air; étendez votre glacis sur le panneau entier, un peu grassement, avec une brosse très-douce sans frotter; empêchez-le de couler ou de pleurer en l'essuyant avec une clairette; faites des fouettés avec le blaireau en travers du travail en les adoucissant en facettes dans leur sens, en les éteignant un peu plus à quelques parties, mais toujours en conservant des parallèles.

On doit adoucir de manière à ce qu'il ne reste aucune trace du passage du blaireau; mais, nous le répétons, il faut aller très-vite : le beau de ce travail, c'est la pureté des lignes indiquant la jointure du placage. Il est important de vernir de suite ce genre de travail, par la raison que nous avons donnée relativement au peu de solidité de la laque.

Pour exécuter le palissandre, le fond doit être fait sur un ton brique assez frais. On le composera avec de l'ocre jaune, du vermillon et une pointe de jaune de chrôme. Ne pas oublier que les teintes pour le bois doivent être détrempées presqu'à l'essence de térébenthine, l'huile grasse pouvant faire faïencer ou clocher. Vous avez, pour faire sécher, la litharge infusée, le zumatique, qui s'emploie quand le fond est sec et bien poncé avec un papier de verre très-fin.

Faites l'ébauche à l'huile, ce qui vous donnera plus de temps pour dessiner les veines de ce bois; ce moyen, du reste, est le meilleur. Vous ferez un glacis composé de terre de Sienne brûlée et d'une pointe de laque que vous détremperez avec de l'essence et un peu d'huile de lin, pour qu'il ne s'enterre pas et ne prenne pas trop vite. Ces couleurs étant difficiles à sécher, vous vous servirez de litharge infusée. Quand vous aurez placé le glacis, vous prendrez un crayon Conté assez tendre, et vous dessinerez les veines, les pores du bois comme ils sont indiqués sur la planche de notre Album n° 18; vous les adoucirez à mesure dans leur sens avec une brosse plate. Pour accompagner le travail au crayon, vous pourrez prendre du noir d'ivoire et de la terre de Cassel, qui vous serviront, au moyen d'une brosse, à veiner quelques parties. Pour former opposition, cette ébauche étant sèche, vous ferez un glacis avec de la laque rose à l'eau, et vous glacerez les traverses d'abord en essuyant les coupes de jointures et en faisant des fouettés en travers du travail. On doit proportionner la force de ce glacis au ton que l'on veut obtenir.

Les chambranles de la porte en bois d'érable exigent un ton de pierre peu foncé : il est composé de blanc de céruse et d'ocre jaune détrempés avec de l'essence de térébenthine, les couleurs broyées à l'huile n'ayant pas besoin d'être détrempées avec autre chose que de l'essence.

Vous ferez un glacis à l'eau, composé de terre de

Cassel, et, si vous voulez faire un érable un peu jaunet, vous y ajouterez un peu de terre de Sienne naturel'e; si vous voulez un érable gris, vous mettrez au lieu de terre de Sienne une pointe de noir. Il faut éclaircir en liquide, plus ou moins, suivant que l'on veut faire clair ou foncé. On glacera la partie que l'on veut exécuter en étendant bien la teinte d'une manière égale, et l'on fera des spaltées avec la clairette, toujours maintenue extrêmement propre; mais il est important d'aller extrêmement vite, afin de pouvoir faire le moucheté ou groupe de petits nœuds qui se font par la réunion des trois premiers doigts, en tapant ces doigts réunis moitié avec les ongles; il faut faire ces nœuds le plus petits possible et réunis par petites masses, les adoucir ensuite avec le blaireau dans un sens que l'on adopte soit à droite, soit à gauche, mais sans les éteindre, et sans laisser apercevoir le passage du blaireau. C'est pour cette raison que nous recommandons la vivacité, afin d'éviter les reprises qui produisent toujours un mauvais effet. L'érable ayant dans notre Album une explication, quand il s'emploie en panneaux ou par grandes parties, nous ne donnons le détail que pour le chambranle de la porte, qui demande moins de travail n'étant considéré que comme accessoire. Il faut être modéré et calme dans son exécution, qui demande surtout une grande propreté.

Les pilastres en vieux noyer doivent se faire sur un fond couleur de bois quelque peu orangé. L'ébauche de ce bois doit se faire à l'huile, comme le

palissandre, pour rendre l'exécution du travail plus
facile.

Vous aurez sur la palette de la terre de Sienne naturelle, de la terre de Cassel, du noir et de la terre de
Sienne brûlée; ayez aussi, dans le godet à palette, de
l'essence et un peu d'huile de lin. Il ne faut pas non
plus oublier la litharge infusée dans l'essence; vous
en aurez besoin pour faire sécher. Vous prendrez, par
exemple, de la terre de Sienne naturelle pour les
glacis, et vous ferez des oppositions soit avec la terre
de Cassel, soit avec le noir. Vous dessinerez les veines
du bois avec un crayon Conté, et vous les adoucirez
ensuite dans leur sens.

Quand l'ébauche sera sèche, vous reglacerez ensuite
au procédé, c'est-à-dire à l'eau, avec de la terre de
Cassel, et vous ferez quelques spaltées assez adoucies
pour être simplement ondées. Il est bien entendu que
l'on doit faire des oppositions, comme ton et comme
travail, en ayant soin de bien marquer les coupes.
Quand vous aurez, sur ces sortes de bois, du filage,
des imitations de moulures, tables saillantes ou ren-
foncées, vous devrez, pour les adoucis, faire votre
opération sur le premier vernis, en raisonnant les
jours, c'est-à-dire les parties éclairées; on ne doit
jamais faire ces clairs trop vifs, car ils doivent être
mis dans le ton de la nature du bois exécuté. Pour les
ombres et les repiqués, n'employez aucun mélange de
blanc; c'est par le moyen du liquide que l'on réclaircit; le blanc, dans ce cas, salit et ne fait pas
transparent. Cette opération a besoin d'être étudiée

pour être bien comprise par l'exécutant. Voir la planche de notre Album, n° 18.

Bois rose.

Les portes en bois rose demandent une explication spéciale et assez étendue, car malgré l'élégance et l'arrangement de la décoration, si l'on a besoin de modifier quelque chose, on peut nuire à l'harmonie d'ensemble existant sur la planche. Le peintre lui seul peut juger des tons apportés et des dessins de ces ornements. — C'est donc une copie à faire, et nous nous bornerons à ne donner d'explications que pour les bois et les ornements d'incrustation.

Les panneaux indiqués sur la planche sont en bois de citronnier : faire ce bois très-calme de travail, pour donner plus de valeur aux ornements qui doivent être eux-mêmes en imitation de bois de marronnier, ou du moins faits avec un mélange de blanc de céruse et d'une pointe de jaune de Naples détrempée à l'essence; cela vient après le travail des panneaux, mais avant le vernis; c'est plus facile à faire, et cela couvre mieux.

Pour le citronnier ne pas faire de gerbes comme sur des panneaux unis, par la raison qui a été indiquée ci-dessus. Faire ce bois sur un fond de pierre, légèrement teinté de jaune de chrôme, afin de rendre le ton plus fin; ensuite laisser sécher ce fond, qui doit être couché presque à l'essence, ce qui doit du reste se faire pour tous les bois à l'eau en général, dans le cas contraire ils deviennent difficiles à travailler. On est obligé de dégraisser ces fonds avant de faire le travail, ce qui fait perdre un temps précieux pour l'exécution de ce bois ; détremper, dans un vase ou camion très-propre, de la terre de Sienne nouvelle broyée à l'eau ; l'amener au degré que l'on veut en éclaircissant avec de l'eau ; si l'on veut modifier le ton de la terre de Sienne, y mêler une pinte de terre de Cassel.

Glacer le panneau, bien étendre la teinte qui, sans être trop à sec ne doit pas couler, faire des spaltées avec une clairette un peu large, tenue propre et humide, en la lavant très-souvent. Ces spaltées doivent toujours être faites en travers et adoucies avec le blaireau dans le même sens. On doit avoir aussi un morceau de peau souple de 10 à 15 centimètres de longueur sur 8 à 10 de largeur, ouverte en deux dans cette largeur.

Le mouiller souvent, avoir à cet effet de l'eau très-propre, le presser de manière à ce qu'il ne soit qu'humide, devant dépouiller en clair. Le plier, mais sans le serrer, le faire rouler en le tenant par les deux bouts, afin d'indiquer le travail sans enlever le glacis partout où il passe, mais toujours en travers ; faire quelques parties opposées avec la clairette; ce travail doit être fait avec dextérité, séchant très-vite sur les parties dépouillées, afin de pouvoir adoucir avec le blaireau ; qu'il n'y ait jamais de reprises. Cette ébauche étant sèche, procéder au veinage avant que les clairs n'aient le temps de graisser, sans quoi, en y passant l'éponge on retirerait le velouté.

Prendre une veinette ou queue de morue qu'on passe pour former les soies dans un démêloir à dents moyennes. — Prendre du glacis avec cette veinette. L'éclaircir en liquide si l'on voit qu'il est trop indiqué; on peut mettre du glacis dans le godet adapté à la palette, et appuyer la veinette en frappant sur cette palette afin de bien étendre le liquide. Avant de veiner, il ne faut pas qu'on fasse le travail trop grassement pour qu'il ne coule pas (expression technique en usage en peinture), passer la veinette du haut en bas du panneau, sans cependant que les veines soient toutes perpendiculaires; les trembler légèrement; du reste on peut jeter un coup d'œil sur le travail des panneaux de notre planche. Ce bois se trouve sur notre planche n° 6. — Adoucir légèrement dans le sens opposé, afin qu'aucune trace du blaireau ne paraisse.

L'explication des panneaux gerbés est donnée dans une planche spéciale, portant le n° 16, faisant partie de la deuxième série de notre Album.

On peut, ce qui est plus facile et couvre mieux, faire les ornements avant de vernir, car ce bois peut attendre sans inconvénient, étant à l'intérieur.

Pour le bois rose des panneaux et les moulures en bois de marronnier, on couche le fond qui doit être très-propre, et après tout travail fini, quand le fond est très-sec, on prend un glacis très-clair de terre de Cassel broyée à l'eau, à peine teinte; on l'étend proprement, puis on spalte avec une clairette toujours très-propre, du haut en bas de la moulure ; le travail doit être très-égal et extrêmement propre ; ceci étant plutôt un accompagnement que *très-naturel*, il faut qu'il se détache parfaitement.

Pour le bois rose, il faut des apprêts très-soignés et enduits bien poncés à chaque couche. — Plus ils sont propres, plus la réussite est sûre. — Faire un ton couleur chair un peu plus jaunâtre que rose, y ajouter à cet effet un peu de jaune de Naples, le fond soutenu en proportion du ton du travail qu'on veut exécuter.

Pour ne rien négliger de ce qui concerne la planche nº 6, nous donnerons encore les explications suivantes :

Prendre le milieu du panneau en hauteur et en largeur, faire un trait au crayon en partant de ces quatre points, de manière à former quatre parties ; il est de rigueur que le trait soit très-propre et tracé avec un crayon de mine de plomb nº 1 ; ce crayon ne fait pas trop noir, ce qui est nécessaire puisqu'il disparaît, ne devant servir qu'à indiquer la coupe ; le placage en ébénisterie ne doit s'apercevoir que par le changement de travail.

Pour le bois rose, se servir de couleurs broyées à l'eau. Faire un glacis léger peu teinté de laque rose, mêlé de terre de Sienne brûlée. Avoir sur la palette de la terre de Sienne brûlée, et de la terre de Cassel, celle-ci en petite quantité. Ce travail doit se faire par compartiments, en commençant à volonté par celui de droite ou par celui de gauche. La réunion de ces quatre parties terminées doit former un losange bien indi-

qué ; tâcher que le travail se raccorde bien pour satisfaire l'œil ; dans la nature cela n'existe pas toujours,
mais en peinture on doit quelquefois s'écarter un peu
de la nature.

Le travail de ce bois doit être fait en petit, puisque
c'est une réunion de petits morceaux de placage.
Étendre le glacis sur la partie qu'on veut faire. Prendre
de la teinte qu'on veut employer, peu cependant, pour
ne pas trop marquer. Prendre une brosse de soie assez
longue, mais pas trop grosse, la passer, en appuyant
assez ferme, pour bien indiquer le fil du bois qui doit
être bien net dans le sens de la partie qu'on exécute.
— Former des oppositions comme il est indiqué sur la
planche ; faire quelques parties en tortillant la brosse
pour contrarier le travail, et former des nœuds qui
sont coupés nets par un travail droit. S'arranger de
manière à ce que la partie arrive et diminue en se rapprochant du losange ; que là elle soit un peu plus foncée et qu'elle se termine en plus clair. Pour la dernière partie, que les fils de bois soient bien indiqués ;
enfin arriver à ce qu'il y ait à la fin un point imperceptible ; adoucir avec le blaireau légèrement dans le sens
du travail qui doit rester pur, le faire promptement,
avant que le travail ne soit sec ; cela permettra d'essuyer soit avec une éponge, soit avec la clairette, ce
qui est préférable, en la lavant très-souvent, afin de
couper bien net auprès du trait de crayon perpendiculaire ou horizontal, sans mordre ni babocher (expression dont on se sert en peinture). De même pour les
parties en dehors du panneau, si elles ont reçu de la

teinte, ce qui est inévitable du reste, car on est obligé de dépasser en faisant les traînées *du travail,* ou en glaçant. Agir de la même manière pour donner le temps de sécher dans toutes les parties semblables des panneaux ; en essuyant, ne pas effacer ni retirer le velouté du travail exécuté, car il faut dépasser pour que les traînées arrivent bien marquées et au raccord ; on doit user du même procédé pour la netteté de la coupe.

L'ébauche terminée partout et bien sèche, faire un glacis pour finir, composé de laque carminée ; plus elle est belle, plus le travail est parfait et solide. On doit pour ce glacis mettre un peu de terre de Sienne brûlée pour éviter que cela ne soit trop rose et ne tombe à l'amaranthe. — Étendre le glacis sur un panneau entier avec une brosse plate bien douce dans le sens du travail. L'étendre ensuite avec la clairette pour le rendre égal et l'empêcher de couler, faire quelques fouettées avec le blaireau en travers du travail, et l'adoucir dans le même sens; faire, par exemple, une partie de placage quelconque, spaltée largement de manière à former opposition.

Pour ce bois, il est urgent de donner deux vernis : le premier doit être donné le plus tôt possible, le glacis laqueux étant sujet à s'éteindre ; éviter, surtout à l'intérieur, le contact de l'air ou de l'humidité; il faut que toutes les couleurs soient parfaitement broyées.

Nous nous servons tous les jours de ces procédés dans nos ateliers de peinture, pour l'exécution de ces bois, et nous engageons nos lecteurs à essayer de nos moyens d'ornementation, aimant à croire qu'ils s'en trouveront bien.

Exécution du travail du bois rose.

Si l'on a un panneau à exécuter, on devra le partager au milieu par un trait de crayon perpendiculairement et horizontalement ; il ne faut pas prendre un crayon trop tendre, car le trait doit être bien net et pouvoir disparaître aussitôt le travail terminé; on ne doit voir qu'un assemblage de placage indiqué seulement par le travail ; le panneau se trouvera donc partagé en quatre parties. Assez généralement on arrange son travail de manière à représenter un losange ; nous allons expliquer les moyens à employer pour arriver à ce but : on aura sur sa palette de la terre de Sienne brûlée, broyée à l'eau, de la terre de Cassel ; on fera un glacis avec de la laque carminée qui est, comme chacun le sait, d'autant plus solide qu'elle est plus belle ; on la détrempera avec de l'eau, mais à peine teintée, ce qui donnera plus de facilité que si l'on travaillait à sec ; il faut étendre ce glacis sur l'une des quatre parties du panneau, prendre ensuite une clairette pour l'asseoir d'une manière égale et l'empêcher de couler, car on ne doit pas glacer tout à fait à sec et dans le sens vertical, mais on doit aller très-vite dans toutes les opérations de ce travail, afin de ne pas être arrêté par la sécheresse, ce qui ferait manquer toutes les opérations. On se servira d'une brosse assez lon-

gue de soies dite ébouriffée, que l'on aura préalablement humectée, pour prendre du glacis contenu dans
le godet à palette, de la terre de Sienne brûlée, par
exemple ; si l'on commence par la partie droite du haut
du panneau, on passera la brosse verticalement à partir du trait perpendiculaire, en marquant bien nettes
les veines qui doivent se former par le passage de la
brosse sur laquelle on appuiera assez pour qu'elles
se lisent bien et se fassent opposition par leur plus ou
moins de force ; on pourra par endroits les trembler
légèrement ; le bois rose représentant de petits morceaux de placage, il faut continuer à en faire de la
même manière qu'on a commencé ; il résultera naturellement de cet assemblage des oppositions de ton et
de travail. On a bien la terre de Cassel à opposer, mais
il faut que ces oppositions soient marquées sans qu'il
y ait rien de heurté, et assez pour qu'on lise bien; on
peut aussi faire quelques petits nœuds, toujours dans
le sens vertical, mais très-fins; on prendra, pour les
obtenir plus vrais et plus nets, du crayon de sanguine,
mais il ne faudra pas trop appuyer, car ce crayon,
qui est très-tendre, pourrait trop s'étaler. En adoucissant avec le blaireau, les nœuds qu'on fera seront
toujours adoucis en remontant pour en étendre le
sommet plus que les côtés ; après cette opération on
continuera l'usage de la brosse jusqu'à ce que l'on
arrive naturellement en rétrécissant à la fin de la
partie que l'on exécute ; on aura ainsi donné une inclinaison convenable à son travail, et les quatre parties étant terminées, on obtiendra un losange parfait

et gracieux. Lorsque l'on arrive à la partie du milieu,
on aura, par une opposition de ton assez marquée,
indiqué l'avant-dernier petit morceau de placage, de
manière à ce que les traits du dernier soient un peu
plus clairs et arrivent à des fils bien fins et bien nets.
Pour marquer le milieu, on traînera sa brosse hardiment, sans crainte de dépasser les traits, puisque l'on
devra les essuyer ; il est important que l'on ne remar-
que aucune hésitation dans son travail. On pourra
également, dans quelques parties de placage, lorsqu'on
aura commencé une de ces parties, à moitié ou au
tiers du parcours, faire tourner, toujours en appuyant
sur la brosse entre les doigts pour former encore une
opposition ; mais pour les nœuds qui ont été appliqués
plus haut, comme pour ceci, on devra, au-dessus et
au-dessous de chacun, couper bien sec par un travail
parfaitement droit et légèrement opposé de ton. La
partie entière étant faite, ou même à mesure que l'on
travaille, adoucir avec le blaireau verticalement chaque travail dans son sens pour en conserver la pureté,
mais il faut, pour que cette opération ait sa complète
réussite, aller très-promptement, afin qu'il n'y ait
aucune reprise et que l'on ne trouve aucune trace du
blaireau ; accentuer son travail selon que l'on veut
produire du bois rose plus ou moins foncé de ton. On
doit aller assez vite pour pouvoir laver les bavures
qui se trouvent en dehors du trait et sur le côté du
panneau ; on prendra pour cela une clairette que l'on
trempera dans l'eau, et on la passera le long du trait
sans mordre ni babocher en dedans ni en dehors de ce

trait qui ne doit pas se voir; il faudra couper bien droit, enlever bien proprement tout ce qui aurait pu rester de teinte, de manière à ce que le fond soit très-propre; on devra laver la clairette *très-souvent* et avoir la précaution de changer l'eau aussi *très-souvent*.

Comme il arrive presque toujours que l'on a plusieurs panneaux à exécuter, on usera des mêmes moyens, sans se répéter tout à fait; on fera dans les autres panneaux les parties pareilles à celles déjà faites, afin de donner à celles-ci le temps de bien sécher pour pouvoir les essuyer sans les dépouiller et sans enlever le velouté ni la pureté du travail. Raccorder ces parties autant que possible comme travail et comme ton, en faisant simultanément chacune de ces parties, mais toujours en conservant la régularité du losange. On peut aussi, si l'on ne veut pas faire un losange, former au milieu du panneau une ronce, composée des quatre parties terminées de quatre nœuds pareils partant de la base du milieu de chacune de ces quatre parties; on devra faire ces nœuds un peu allongés, toujours verticalement et allant de bas en haut et dans le sens opposé du travail du losange; par exemple, pour le côté droit, aller en partant du haut verticalement de droite à gauche; on devra également au-dessus et au-dessous de ces nœuds faire un travail droit et bien net et quelque peu opposé de ton. On aura ainsi préparé la place, c'est-à-dire le morceau de placage où doit figurer le nœud en faisant une ou deux petites spaltées dans le glacis primitif, et l'on dessinera ensuite avec le crayon dont nous avons

10.

parlé, le travail que l'on veut faire. On aura de cette manière, pour le milieu, dans le sens que l'on doit donner, une ronce entière, et sur la plus petite partie du travail droit qui vient se poser sur la ligne horizontale, la moitié d'un losange qui doit, du reste, se trouver également en haut et au bas du panneau.

Quand l'ébauche et toutes les parties sont terminées, après avoir laissé le temps de sécher convenablement pour pouvoir reglacer sans danger de dépouiller et de détruire la pureté du travail, on fait un glacis, dans un vase ou camion très-propre, composé de laque carminée, détrempée avec de l'eau ; pour ne pas faire trop rose, on mettra un peu de terre de Sienne brûlée. Ce glacis, qui doit être très-clair, est destiné à donner le ton et à finir le travail, mais il ne faut pas altérer le travail de l'ébauche qui doit rester bien visible ; prendre une brosse plate très-douce, étendre la teinte sans frotter et assez grassement autant que possible ; finir de bien étendre cette teinte avec la clairette, d'une manière égale et sur toute la surface du panneau, et dans le sens du travail de chacune des parties composant ce panneau, mais toujours légèrement, pour les raisons déjà mentionnées.

Faire ensuite avec le blaireau des fouettées et dans le sens opposé du travail, c'est-à-dire en travers, adoucir ensuite dans le sens que l'on aura donné à cette dernière opération ; on devra ne pas aller en descendant pour faire les fouettées, sans quoi l'on verrait toutes les reprises à chaque coup de blaireau.

On devra aller de bas en haut ; il faudra aussi, en adoucissant, éteindre davantage quelques parties en appuyant un peu plus sur le blaireau, sans oublier que, sur quelque partie que l'on travaille, la parallèle doit être exactement pareille. Si le panneau que l'on exécute est en menuiserie et saillant, on devra, puisqu'il doit y avoir une *alégie*, faire des coupes d'abord aux onglets qui doivent être bien marqués par une opposition de travail et de ton. On trace ensuite deux traits horizontalement de chaque côté de cette *alégie*, de manière à ce que le trait horizontal du panneau se trouve au milieu de ces deux traits. On agit de la même manière pour le haut et pour le bas, afin d'obtenir le même résultat pour le travail perpendiculaire ; faire ces morceaux de placage d'un travail droit et dans le sens du crayon, les autres portant des onglets droits ou légèrement tremblés pour faire opposition par endroits bien entendu, et venant, par le haut, s'appuyer sur le trait horizontal, et, par le bas, partant de ce trait sur la coupe d'onglet, et de même pour les parties transversales. On aura par conséquent quatre parties d'un sens de travail et quatre de l'autre. Si le panneau est plat, on tracera l'*alégie*, ou double champ, le bois rose ayant besoin de variation de travail et de coupes. Dans les grandes parties, sans cet arrangement, le bois rose serait moins gracieux. On peut, et cela ne nuit pas à la perfection, faire un peu de filage, soit sur le bord du panneau, soit sur le trait que l'on aura fait, comme nous venons de l'expliquer. Pour imiter l'incrustation, par exemple, un filet ton paille très-fin entre deux noirs également très-fins, ou un noir seul, mais très-fin.

On devra vernir le bois rose aussitôt qu'il sera assez sec; la laque étant très-sensible à l'air ou à l'humidité pourrait perdre de sa valeur si l'on attendait trop longtemps. Il faut en conséquence vernir grassement sans frotter ni fouiller trop fort, avec une brosse très-douce pour ne pas ôter le velouté.

Ce travail étant très-long ne peut se faire au même prix comme façon de décors, ni même au prix ordinaire des apprêts des autres bois.

Bois de Sapin, Riga.

L'exécution des panneaux de cette planche demande pour apprêts un ton de pierre très-frais. Cette fraîcheur ne pouvant pas s'obtenir avec l'ocre jaune seule, qui ne suffirait pas pour l'amener au ton convenable, il faut ajouter une pointe de jaune de chrôme, mais en très-petite quantité, car il s'agit seulement de donner de la finesse au ton de pierre qui est composé, comme toujours, de blanc de céruse avec de l'ocre jaune détrempée à l'essence de térébenthine. Les couleurs doivent être broyées à l'huile, seul moyen d'obtenir un beau travail, surtout dans les bois appelés à représenter l'ébénisterie. Rien n'est plus disgracieux que d'apercevoir des grains sur ce travail quand il a reçu le vernis.

Les fonds doivent, pour la même raison, être enduits et bien poncés à chacune des couches qui doivent être au nombre de trois au moins, et données
toujours presque en glacis pour ne pas corder. On doit
lisser avec une brosse plate, dite à blanc de zinc, dans
le sens perpendiculaire, mais en croisant les coups de
brosse. Nous recommandons pour ces apprêts toujours la céruse et le blanc de zinc parfait. Ce dernier,
dans une peinture unie pour salon, par exemple, fait
très-frais pour les blancs.

Pour exécuter le travail de la planche 19 de notre
Album, le fond étant sec et suffisamment adouci par
un ponçage au papier de verre très-fin que l'on passe
légèrement, de manière à ne laisser aucune trace, on
compose dans un camion extrêmement propre et
n'ayant pas servi aux teintes à l'huile, une teinte avec
de la terre de Sienne naturelle, broyée à l'eau, bien
fine. On obtient le ton des panneaux de cette planche
en ajoutant à la teinte un peu de terre de Sienne brûlée, afin de ne pas faire trop jaune, ce qui arriverait
si l'on se servait de terre naturelle seule. Employez ce
glacis plus ou moins fort selon le ton dont vous avez
besoin, et lorsque vous voudrez réclaircir vous prendrez tout simplement de l'eau, mais toujours extrêmement propre. Etendez le glacis assez grassement,
avec une parfaite égalité, et de manière à ce qu'il ne
coule pas. Vous vous servirez pour cela d'une brosse
plate assez forte, ou de toute autre que vous jugerez
plus convenable. Le glacis étant ainsi préparé, vous
l'étendez au moyen d'une clairette parfaitement net-

toyée à l'eau, et lavée souvent, pour enlever, comme il va être expliqué, parfaitement clair.

Ainsi qu'on peut le voir sur la planche 19, les panneaux ont au milieu une gerbe plus ou moins inclinée. Il faut éviter de se répéter, autant que possible ; à cet effet, on devra réserver la place de la gerbe qui se fait au veinage, comme nous le dirons plus bas, plus claire, sans travail et adoucie seulement ; sur les côtés vous ferez des spaltées avec une clairette, que vous frotterez de droite à gauche ou de gauche à droite, en entremêlant quelques traînées plus ou moins rapprochées, faites avec les doigts, pour rompre le travail de la clairette et faire des parties plus serrées ; mais ces traînées doivent être sans raideur, légèrement ondulées, et plus ou moins rapprochées, il ne faut pas que l'on puisse compter les détails de l'un ou de l'autre de ces deux espèces de travail, ni qu'on puisse se rendre compte de la manière de l'exécuter. Il doit y avoir, comme nous le disions, des repos et des parties plus soutenues. Voir, d'ailleurs, le travail de notre planche.

Pour ce travail, il est indispensable d'aller avec promptitude, afin de pouvoir adoucir les spaltées avant que la teinte ne soit sèche ; tous les bois à l'eau, du reste, doivent être faits vivement, car ils sèchent très-vite. Il faut adoucir les spaltées ainsi que tout le panneau, les spaltées dans leur sens, bien entendu, de manière à les velouter et à leur donner le moiré qui existe sur les panneaux que l'on a sous les yeux ; mais évitez surtout qu'on puisse voir les traces du blaireau ; il suffit pour cela de ne pas trop appuyer en adoucissant.

Cette opération étant terminée, essuyez bien net autour du panneau, soit avec une clairette, soit avec l'éponge, de manière à ce qu'il ne reste aucune bavure ni aucune trace de teinte ; c'est pour cela que nous recommandons la promptitude dans l'exécution. Quand ce travail sera sec, n'attendre pas longtemps pour vernir, du jour au lendemain, par exemple, car les parties éclaircies sont sujettes à graisser. Vous seriez obligé dans ce dernier cas, d'y passer l'éponge, ce qui retirerait le velouté du travail, c'est-à-dire ce qui en fait la beauté.

Prenez ensuite du glacis qui a servi pour l'ébauche, et dont vous aurez gardé une partie dans le godet à palette, puis procédez au veinage indiqué sur cette planche. Pour cela, vous devez avoir une veinette de moyenne largeur, afin de pouvoir la conduire plus facilement ; vous la passez sur un peigne, dit démêloir, pour former le grain de la veine que vous voulez obtenir. Après avoir pris de la teinte et avoir frotté la veinette sur la palette, afin qu'elle soit bien égale, vous procéderez, en commençant par le côté gauche, par le bas du panneau et par le milieu de la gerbe, à l'endroit où le travail est plus rétréci. A cet effet, servez-vous de la veinette sur le côté pour que le travail soit plus serré, et redressez-la à mesure que vous arriverez au milieu du parcours que vous devez lui faire décrire, puis revenez de même pour le côté droit, comme vous avez commencé, et continuez ainsi jusqu'à la fin, ce veinage dans ce sens. Il ne faut pas que ce travail soit raide ; il faut l'onduler, mais surtout que les veines se suivent toujours, en inclinant d'une manière gracieuse le travail que vous voulez exécuter ; continuez ensuite sur les côtés des panneaux le veinage, comme il est démontré sur la planche, en suivant le sens du travail du milieu qui se perd naturellement, à mesure que l'on arrive à la fin du panneau. Dans de certaines parties, il faut que ce travail soit légèrement tremblé ou ondulé, toujours cependant sans trop de raideur. Adoucissez ensuite, avec le blaireau, le premier travail en remontant et le second en travers du veinage, mais sans éteindre la veine qui doit se lier sans être masquée trop vigoureusement ; formez ensuite, et par dessus le veinage, le cœur de la gerbe avec la veinette presqu'à sec en commençant par le bas pour lui donner en remontant le degré d'inclinaison ou de forme que vous voulez obtenir. Marquez le milieu extrême du cœur par quelques coups plus vigoureux ; pour cela, ayez sur la palette un peu de terre de Sienne nouvelle mélangée de terre de Cassel, mais sans être trop marqué, ni trop heurté de teinte, ni de travail, tout cela devant, pour ainsi dire, être fait en même temps et en épousant le même travail.

Parlons maintenant des panneaux.

Les panneaux des pilastres, qui sont en érable, doivent être aussi faits sur un ton de pierre, mais dans lequel on ne met point de jaune de chrôme, il faut laisser cette teinte telle qu'elle doit être, composée seulement de blanc de céruse et d'ocre jaune. Les apprêts sont, d'ailleurs, les mêmes que pour les panneaux.

Si l'on veut obtenir un ton d'érable qui ressemble à celui de notre planche n° 19, on devra composer la teinte de terre de Cassel, toujours, bien entendu, en glacis, réclairci, s'il est trop foncé, avec de l'eau; on peut obtenir une teinte grisâtre en y ajoutant une pointe de noir d'ivoire et une légère pointe de laque pour donner à ce ton plus de finesse et de chaleur, sans cependant le rougir. Le travail de la planche est gris, comme on peut le voir, mais d'un gris un peu chaud de ton. Il faut glacer la partie que l'on veut exécuter assez grassement pour pouvoir travailler ce bois plus facilement, faites ensuite des spaltées en travers du panneau, mais d'une manière inégale, en ménageant, par endroits, des clairs plus prononcés, ce qui donnera du calme et des repos ; adoucissez ces spaltées dans leur sens, sans trop les éteindre cependant, mais de manière à les rendre veloutées ou ondulées, légèrement transparentes, et sans qu'il paraisse aucune trace du blaireau. Faites ensuite, avant que le travail ne soit sec, de petits points figurant de petits nœuds avec le bout des doigts réunis, mi-partie par les ongles, de manière à former ces nœuds presque doubles, mais par petites masses, comme il en existe dans la nature, plus ou moins marquées et adoucies, et toujours d'un seul sens ; que ce travail se fasse vivement, car il doit être terminé avant que le glacis ne soit sec; les champs de ces pilastres et le double champ des panneaux se font par les mêmes moyens; mais n'oubliez pas que les panneaux gagnent beaucoup à être fort calmes de travail. Cette ébauche étant sèche,

11

faites du haut en bas de la partie que vous voulez veiner, mais légèrement, un travail qui ne doit avoir
qu'un effet peu prononcé; employez pour cela la veinette trempée dans la teinte primitive, en préparant
d'abord cette veinette comme il a été expliqué plus
haut; ne faites pas des veines toutes droites et raides,
mais tremblez-les légèrement en les ondulant, de manière cependant à ce qu'elles se suivent sans passer
les unes par dessus les autres, et sans que l'on puisse
voir de reprises, ce qui ferait tache et serait désagréable à l'œil; adoucissez ensuite ces veines en travers, légèrement par endroits, en éteignant davantage
le travail en d'autres endroits, mais sans toutefois que
l'on puisse apercevoir la trace du blaireau. Les champs
en racine des panneaux et les petits panneaux du lambris
demandent un ton de pierre entre le ton de bois et celui-ci, mais très-frais et vif de ton. On devra y mettre
une pointe de rouge pour le réchauffer; ce fond étant
sec, on prendra sur la palette de la terre de Cassel et
de la terre de Sienne brûlée, dont on aura fait une
teinte locale, que l'on puisse cependant détremper
pour s'en servir sur la palette, et l'on se servira de
cette teinte pour glacer le champ à exécuter; pour que
cette teinte soit un peu rouge, vous mettrez plus de
Sienne brûlée que de terre de Cassel. Comme ce travail doit être extrêmement calme et peu travaillé,
on se contentera de faire simplement quelques traces
de racines avec une petite brosse un peu longue de
soie; on tapotera avec le bout de la brosse en la tortillant, par endroits, avec les trois premiers doigts qui

la tiennent, de manière à former quelques petits nœuds ronds et arrangés par petites masses comme, par exemple, sur un plus gros en masser deux ou trois plus petits ; du reste, sur la planche de racine d'orme, qui sera également expliquée plus loin, nous donnerons des détails dont la place ne serait pas ici.

Il faut avoir soin de bien marquer les coupes ou onglets que l'on peut, au besoin, tracer d'avance légèrement. Afin d'obtenir une opposition de travail ou de ton, vous essuierez très-proprement. Aussitôt que vous aurez terminé une partie de champ, vous passerez à une autre partie éloignée, pour donner à celle que l'on vient d'exécuter le temps de sécher, afin de pouvoir l'essuyer également.

Pour le double champ, qui est plus foncé quoique de la même nature, sauf le ton, le fond doit naturellement être couché plus foncé, en usant des mêmes moyens et des mêmes couleurs, en diminuant, toutefois, la quantité de terre de Sienne brûlée et en augmentant celle de la terre de Cassel ; mais tout cela toujours en glacis, pour conserver la transparence si essentielle. Il est donc important, pour obtenir ce résultat, de s'appliquer soigneusement à ce que l'on voudra faire. On peut certainement, pour éviter des *rechampissages*, coucher tout de la même teinte, et, en reglaçant, ramener le tout dans le ton voulu ; mais, en agissant ainsi, on gâte tout l'effet, car on se trouve obligé de charger en couleur, ce qui détruit toute la transparence, comme nous l'avons dit plus haut. On

ne peut réussir une pièce comme celle de notre planche
sans y apporter tous les soins possibles.

Si l'on veut faire des filets d'incrustations, comme
ceux qui existent sur notre planche, nous conseillons,
pour donner plus de facilité, de les faire avant l'opération du vernis; car ces bois étant à l'intérieur,
peuvent très-bien attendre pour être vernis. Le filage
se fait moins bien sur le vernis; il couvre plus difficilement et tire davantage.

Il y a plusieurs systèmes pour ce genre de filage :
on peut le faire, par exemple, avec du Van-Dyck broyé
bien fin à l'essence, et une légère pointe d'huile pour
l'empêcher d'épaissir, le tout détrempé à l'essence,
puis un peu d'huile grasse pour faire sécher et tenir :
c'est le premier moyen. Le second consiste à broyer
sa couleur à l'eau, puis à la détremper avec de la
colle de peau ou de Flandres; mais ce système a un
inconvénient : la teinte fige, il faut la faire réchauffer
pour pouvoir l'employer, et il est désagréable de se
déranger à tout instant. On peut, pour éviter cela,
faire dissoudre de la gomme arabique pulvérisée dans
de l'eau chaude ou froide, bien battre cette dissolution, la passer même au besoin pour éviter qu'elle ne
contienne des grumelots ou des saletés, ce qui arrive
presque toujours; vous détrempez la couleur broyée
bien fine avec de l'eau dans laquelle vous mettez une
petite quantité de cette gomme, pour éviter de faire
casser ou gercer, ce qui arriverait si l'on collait trop.
Il y a d'ailleurs une ressource dans l'un et l'autre de
ces deux procédés : d'abord le travail sèche plus promp-

tement; ensuite, dans le cas où l'on manquerait un filet, ou il tomberait une tache, il suffirait de prendre une éponge bien propre et convenablement imbibée pour enlever, sans frotter, le filet ou la tache.

A l'huile, au contraire, même après le vernis, il est extrêmement difficile de faire disparaître complétement l'un ou l'autre, l'essence que l'on serait forcé d'employer ayant un mordant qui enlève le dessous. Quand ces filets sont secs on peut vernir; il est toujours préférable de mettre deux vernis en coupant le premier avec un peu d'essence de térébenthine.

Pour les panneaux ronds du lambris et les losanges, on peut supposer qu'ils existent naturellement en menuiserie, mais il peut arriver que l'on veuille y faire des filets comme sur les autres panneaux, ce qui serait d'ailleurs plus régulier; on n'a pas cru devoir les figurer sur cette planche, puisqu'on a donné un échantillon de leur effet sur les panneaux, sur les pilastres, corniches, etc. On les exécute en employant les mêmes moyens que pour les autres filets, sauf le ton que l'on peut changer si on le juge à propos, comme cela est indiqué sur notre planche 19.

Ce sont les procédés d'exécution que nous employons tous les jours dans nos ateliers.

Sapin du Nord.

Le sapin du Nord est celui que l'on fait le plus souvent : sa teinte est un peu rosée, chaude de ton ; il plaît mieux que le sapin blanc : le veinage du sapin véritable est à peu près le même, sauf le ton. On peut, du reste, étudier facilement ce bois, car on a souvent occasion d'en avoir sous les yeux.

Le sapin fait très-bien pour plafond, avec distribution de panneaux, et des champs en chêne. Dans ce cas on fait l'un et l'autre très-doux de travail et de tons. Pour salle à manger, également en chêne, cela se fait encore assez souvent, et l'on peut ne faire que le plafond en sapin quand même les lambris ou portes seraient en chêne. Ce travail en plafond est coquet, donne de l'élévation et est plus agréable à l'œil que le blanc ; souvent aussi on fait une salle à manger en chêne un peu soutenu, avec un papier un peu foncé, car la transition serait trop heurtée par le blanc.

On peut assembler les planches du panneau du milieu du plafond par planches de 20 à 22 centimètres. Tracez un trait de crayon partant du milieu du panneau dans sa longueur et sa largeur ; vous aurez quatre parties égales ; distribuez alors les planches diagonalement, dans chaque partie, de manière à former un point de Hongrie. Ces planches doivent arriver bien ensemble à leur point de départ, et à leur réunion au milieu cela formera l'orange. Dans le cas où l'on voudrait des panneaux parallèles dans la longueur et la largeur du plafond, les planches ne seraient guère qu'au nombre de deux. Cela dépendrait de la place disponible, et de la proportion du plafond ou du panneau du milieu. Vous devrez aussi vous arranger de manière à avoir quatre petits panneaux à chaque angle ; vous pouvez aussi arrondir les coins de chacun des panneaux, et vous aurez à filer une table renfoncée, ce qui donne encore plus d'élévation.

Qu'on fasse le champ en chêne ou en sapin, on doit avant tout tracer ce même champ au pourtour, et se servir ensuite des traits du milieu pour tracer les champs qui doivent former également quatre parties sur lesquelles les planches viendront s'appuyer ; ceci, du reste, est affaire de goût.

Les peintres sont souvent appelés à faire ces sortes de distributions. Quelquefois on remplace la peinture par le papier sapin ou chêne. Nous recommandons toujours de bien soigner les fonds, le sapin devant être verni ; cela est très-important, car le brillant fait ressortir tous les défauts d'apprêts.

On devra, pour la teinte du fond, faire un ton de pierre très-clair, presque blanc ; les dessous foncés repoussent toujours, et le sapin en peinture doit être très-frais. Le travail doit se faire dans la pâte, c'est-à-dire dans un glacis, pour aider à fondre les nœuds ou veines ; ce glacis doit être souple et moelleux.

On détrempera du blanc de céruse avec de l'essence de térébenthine, un peu d'huile de lin pour que ce glacis reste humide, afin de pouvoir travailler ; à l'essence seule, il prendrait trop vite pour faire sécher ce glacis et le travail. On mettra infuser soit de la litharge bien fine ou du *zumatique* ; pour teinter on ajoutera un peu de vermillon et un peu de jaune de chrôme pour ne pas faire un rouge trop vif ; il faut éviter de faire les fonds et le glacis trop gras : cela fait jaunir et peut faire faïencer.

Dans le godet à palette on n'aura que de l'essence, ou si l'on veut mettre de l'huile de lin, on n'en mettra que très-peu. Nous recommandons cela tout particulièrement. Le travail qui viendra ensuite devra toujours suivre le sens des planches, car le sapin est un bois dont le fil se suit toujours d'un bout à l'autre de la planche. Il faut, bien entendu, faire des planches très-calmes de travail, pour opposer et éviter trop de confusion ; cependant, ne mettez pas une planche trop nue à côté d'une autre plus travaillée, il y a une progression à observer.

COMPOSITION DE LA PALETTE.

Avec le couteau à palette, on mélangera du blanc de céruse en y ajoutant un peu de vermillon pour former une teinte rosée ; on y adjoindra un peu de jaune de chrôme pour faire une teinte fraîche et un peu jaunette, une autre teinte composée de très-peu de blanc, d'ocre jaune, d'un peu de vermillon et de chrôme ; cette teinte doit être assez vigoureuse et servir à deux fins : à dessiner les veines de l'aubier accompagnant les nœuds ; une teinte grise, peu foncée, et mêlée d'un peu d'ocre jaune pour qu'elle ne soit pas bleue, de la terre de Sienne brûlée pour former les nœuds ronds ou quelquefois ovales. On doit remarquer que, dans le sapin, il y a beaucoup de nœuds, et quelques-uns sont loin d'être gracieux. C'est magnifique comme nature mais, en peinture, on peut modifier l'arrangement de ces nœuds, de manière à ce que l'ensemble plaise à l'œil. On aura une brosse plate très-douce pour adoucir les veines dans leur sens, c'est-à-dire en remontant, pour les étendre, les allonger, sans changer leur forme et en leur conservant l'apparence naturelle ; une petite brosse plate pour dessiner ces veines, une brosse courte de soie pour placer les nœuds vigoureux, enfin une brosse d'un pouce pour donner la teinte qui accompagne les veines.

Placez alors les nœuds. Pour ceux qui doivent être ronds, on prendra un peu de terre de Sienne calcinée avec la brosse désignée à cet usage ; on tortillera la brosse dans les doigts pour former un point, il ne faut pas faire tous les nœuds de la même grosseur ; groupez-les de manière à ce que l'on ne puisse les compter. Placez ces nœuds d'abord pour vous aider. Il est même indispensable de procéder ainsi pour dessiner les veines du cœur de l'aubier. Dessinez alors les veines d'après les nœuds, selon les caprices de la nature, en évitant de vous répéter. Remarquez qu'il y a des veines qui demandent à être plus ou moins tourmentées ou

11.

accentuées avec la brosse d'un pouce. Remplissez le restant de la planche en suivant bien le sens de la veine, en l'approchant de très-près mais sans y toucher. Si la veine se trouve au milieu de la planche, vous devrez remplir des deux côtés, et toujours une teinte quelconque commencée du haut doit se suivre jusqu'au bas du même ton, et quelquefois en ondulant suivant la forme de la veine. Avec un morceau de toile à tenture on fait comme pour le chêne, en passant la toile et en laissant la trace des doigts former des oppositions de ton et de travail. Ayez un peigne d'acier que vous passerez d'une manière bien nette sur la teinte la plus voisine de la veine, en en épousant toute la forme, mais en évitant le moirage. Il faut suivre jusqu'au bout sans vous reprendre, car cela ne fait pas bien. Continuez par un autre plus fin et employé toujours dans les mêmes conditions.

Il y a des planches qui ne sont pas peignées droit, par exemple : pour celles-ci que l'on commence à gauche, avec une teinte un peu foncée ou grise, cette dernière teinte peu marquée. Prolongez, en y adjoignant la teinte rose ou la teinte jaune, jusqu'au milieu, mais bien droit. Faites-en autant au côté droit de la planche. Passez la toile à l'un ou à l'autre des deux côtés, et vous peignerez comme nous l'avons dit, avec l'un ou l'autre, et quelquefois avec l'un et l'autre des deux peignes.

Sur ce qui se trouve produit au milieu par la jonction des deux teintes, vous ferez quelques petits nœuds ronds d'où vous ferez partir un petit fil, très-fin et

un peu accentué, d'un nœud à un autre, sans qu'il soit
égal de force, ainsi que vous pouvez l'obtenir dans la
nature. Laissez sécher. Pour terminer, ayez sur la
palette du noir de charbon et un peu de terre de Sienne
brûlée. Il est bien entendu que la palette aura été
d'abord nettoyée, le mélange d'autres teintes ferait
sale et ôterait le transparent. Ayez une brosse plate
moyenne avec laquelle vous prendrez du noir excessivement liquide, de manière à faire transparent; faites
un effet en dessous des nœuds principaux pour former
cette nuance, cette espèce d'ombre que l'on voit au-
dessous de ces nœuds; continuez par endroits en spaltées très-douces; adoucissez avec l'autre brosse plate
en travers du travail sans éteindre complétement,
mais de manière à fondre et en évitant de laisser voir
comment ce travail a été fait. Le noir employé à un
certain degré est très-transparent. Ayez une brosse
fine pour entourer quelques nœuds, quelquefois en
les fendant par une croix irrégulière au milieu, ou
bien même d'une seule ligne. Cela sert à accentuer et
à terminer les nœuds. C'est pour ce travail que la
terre de Sienne brûlée est destinée, mais il faut de la
prudence, car il faut des oppositions sans qu'il y ait
rien de heurté.

Ce bois doit être doux et frais à l'œil, à moins que
l'on n'ait à raccorder sur un meuble ou autre chose;
là, on a la nature pour guide.

Le sapin blanc s'exécute de la même manière, sauf
les teintes que l'on est à même d'arranger suivant les
moyens que nous avons indiqués.

Bois de Thuya.

Le bois de thuya est excessivement coquet. On en voit peu en nature, du moins en grandes parties; il a quelque analogie avec le bois rose : aussi ne le fait-on que dans les petits panneaux accompagnés d'un champ d'acajou neuf. Ce bois demande un fond couleur de chair, comme le bois de rose, plutôt un peu jaunet que rosé. On composera la teinte presqu'à l'essence, comme pour tous les bois à l'eau, de blanc de céruse, d'un peu d'ocre jaune, de vermillon et d'une pointe de jaune de chrôme pour rendre le ton plus frais, mais cependant sans abuser de cette couleur qui, employée en trop grande quantité, fait mauvais effet pour certains tons. Il y a bien le jaune de Naples à employer, mais en cherchant les moyens les plus simples, les moins dispendieux, il se peut que l'on n'ait pas toujours de jaune de Naples sous la main. Il est bien rare, au contraire, que l'on n'ait pas toujours les couleurs que nous conseillons d'employer.

Il faut pour ce bois des fonds bien préparés : on aura donc la précaution de bien passer la teinte avant de s'en servir, et de passer au papier de verre très-fin à chaque couche que l'on *donne*.

On fera un glacis léger composé de terre de Sienne *brûlée* broyée à l'eau, et d'une pointe de laque carminée, mais ce glacis doit être très-clair et ne servant pour ainsi dire qu'à humecter le fond et à faciliter le restant du travail. On aura sur la palette de la terre de Sienne brûlée, à l'eau, de la terre de Sienne naturelle et de la terre de Cassel.

Le bois de thuya est un bois de fil en majeure partie. Il faut avoir une brosse moyenne un peu longue de soie, et, après avoir étendu le glacis, on prendra avec cette brosse, si l'on veut, de la terre de Sienne *brûlée*, et l'on passera la brosse dans le sens du panneau en la tortillant et en la tremblotant par endroits. Il faut marquer bien nettement le fil du bois. On devra aussi se servir des autres teintes qui sont sur la palette, mais en ménageant la terre de Cassel, car ce bois est plutôt clair que foncé. Il faut donc agir et raisonner les teintes en conséquence. Faites avec une brosse très-fine ou un crayon sanguiné quelques cœurs ou nœuds par endroits, adoucis en montant pour étendre la tête de la veine que l'on représente, et faites suivre le travail de la brosse dans le sens déjà adopté. Il faut aussi quelques veines raides bien droites : faites-les d'une main ferme en appuyant davantage sur les soies de la brosse ; faites aussi, comme nous l'avons déjà expliqué, d'autres tortillés pour former de petits cœurs. Mais, nous le répétons, il faut aller extrêmement vite pour ne pas être pris par la sécheresse et les reprises. Ceci est pour l'ébauche.

On fera dans un vase très-propre un glacis composé de laque et d'une pointe de terre de Sienne *naturelle*. Ce bois est très-tendre. Il ne faut pas faire trop rouge. Il est bien entendu que, pour bien pouvoir glacer sans dépouiller, on devra attendre que l'ébauche soit bien sèche, du jour au lendemain par exemple, pour que les veines restent bien nettes. Etendez le glacis sans frotter, c'est-à-dire assez *grassement*, avec une brosse plate très-douce; asséyez-le bien; avec la clairette, faites quelques spaltées à l'endroit des nœuds au cœur du bois; faites des fouettés avec le blaireau en travers du travail, et adoucissez-les sans les éteindre dans le même *sens*. Ceci donne le velouté, le fini du travail et le transparent. N'attendez pas trop longtemps pour vernir, mais faites cette opération aussitôt que le glacis est sec, si c'est possible, surtout à l'extérieur, car le glacis pourrait s'éteindre au contact de l'air. Nous n'avons pas besoin de recommander d'essuyer à mesure les parties environnantes *telles* que moulures ou champs; faites dans le glacis, sur quelques cœurs formés par le passage de la brosse, comme nous l'avons dit, quelques mouches sur les parties les plus accentuées, avec une brosse fine, en prenant un peu de terre de Sienne *brûlée*, et adoucissez-les de bas en haut avec le blaireau.

Peinture imitation d'écaille.

Ce genre de peinture est d'un bon effet pour panneaux de portes, même pour panneaux de caissons de devantures. Mais, dans l'intérêt de la beauté et de la coquetterie du travail, il ne faut pas que ces panneaux soient de très-grandes dimensions comme largeur.

Du reste le genre moderne, pour l'arrangement de distributions, est tout à fait dans les conditions désirables pour ce que nous allons expliquer.

Il y a deux sortes d'écailles : il y en a dont le fond forme un ton jaune vif; d'autres un fond rouge brillant. L'écaille naturelle est transparente en l'exposant au jour, dans les tons clairs surtout : il faut donc, en peinture, arriver, par les teintes et le raisonnement des couleurs, à cette transparence de ton. Cette peinture fait très-bien avec des champs d'encadrement, imitation d'ébène. Il y a, selon bien des personnes, plusieurs manières de faire l'écaille. Mais, suivant notre manière de voir, nous allons expliquer le moyen qui nous semble le meilleur : on peut faire l'opération à l'huile, mais c'est plus long à sécher qu'au procédé, puis c'est moins transparent. Voici donc notre avis. Supposons que l'on veuille faire l'écaille rouge : la première condition sera d'avoir un fond parfaitement apprêté, bien enduit. Ce fond, disons-nous, devra être vif, composé, si l'on veut, d'un beau ton de mine orange et d'une pointe de laque carminée. Ce genre de peinture ne se fait généralement que dans les enduits où l'on veut quelque chose de bien et sortant de la décoration ordinaire. On doit donc y apporter beaucoup de soin et prendre les couleurs nécessaires pour arriver à un résultat parfait.

On aura de la terre de Cassel broyée à l'eau très-fine et un peu de terre de Sienne calcinée. Etendez la terre de Cassel, employée un peu compacte, et faites quelques oppositions avec de la terre de Sienne calcinée en glaçant. Il faut glacer grassement pour faire plus transparent, prendre une éponge d'un grain assez gros, bien humectée et lavée souvent ; l'appliquer sur le glacis de manière à enlever vif, la rouler dans les doigts en descendant, pour opposer et varier le sens, et faire plus ou moins petit ; en même temps, avec une brosse moyenne, placer, en prenant de la terre de Cassel, des masses de mouchetés plus forts ; adoucir dans le sens du travail de l'éponge avec le blaireau, sans qu'il y ait trace du passage de cet instrument, et sans étendre trop le travail. Il faut garder pour ce qui va suivre presque tout le vif du fond et en quelque sorte la netteté des effets d'éclaircies et de mouchetés. Mais il faut aller rapidement, car le travail au procédé sèche très-vite : il ne faut pas de reprises ; il faut que le glacis soit pris de suite, sans quoi l'on ferait raide et sans velouté. Donnez le temps à cette ébauche de bien sécher pour pouvoir terminer sans dépouiller. Composez un glacis de laque carminée et d'une pointe de terre de Sienne calcinée ; il faut que ce glacis soit très-léger, car c'est lui qui donne le transparent et le velouté aux éclaircies et aux mouchetés qui, quoique opposés entre eux, doivent ne pas être tourmentés.

Il faut du calme pour rendre ce travail agréable à la vue, bien asseoir le glacis avec une clairette presque neuve et large, adoucir avec le blaireau de manière à éviter les coulures.

Si, au contraire, on veut faire l'écaille à fond jaunet, on composera le glacis de jaune de chrôme et d'une pointe de mine orange ou de vermillon. Les moyens d'exécution sont les mêmes, ainsi que les couleurs. Il n'y a de changé que les éclaircies; c'est là, selon nous, le meilleur moyen, le plus simple et le plus sûr à employer.

Nous conseillons de mettre deux vernis, parce que le premier doit nécessairement s'enterrer et être absorbé par les teintes employées. Le transparent, le brillant ne serait donc plus suffisant.

TROISIÈME PARTIE

LES DÉCORS

Décoration de Salon Louis XV

AVEC PEINTURE MONUMENTALE ET SCULPTURE DORÉE

Les panneaux formant le haut lambris doivent être d'un vert d'eau extrêmement tendre; on peut le faire sur deux tons, si on le juge à propos, mais les différences de tons doivent être peu sensibles; cela a plus de cachet. Les moulures et les filets doivent être dorés; nous conseillons, dans ce cas, d'adopter une teinte générale et uniforme.

Le lambris du bas doit s'exécuter en couleur de chair très-tendre et tirant plutôt un peu sur le jaunet. Prenez, pour faire cette teinte, du jaune de Naples mélangé de blanc de céruse et d'une pointe de laque et de vermillon pour donner de la fraîcheur au ton.

Le vert d'eau doit être aussi d'une teinte composée, ce qui lui donnera plus de solidité.

Ce salon doit être brillant, comme coloris de fleurs, de peintures. (Voir notre planche n° 30.)

Si l'on devait exécuter les motifs des panneaux, il faudrait d'abord commencer par faire les ciels qui sont composés d'outremer, pour la partie générale, ou de bleu de cobalt sur un fond blanc; il faut se servir de blanc d'argent pour le mélange de l'un ou de l'autre de ces bleus et pour faire les nuages, le tout en même temps et bien fondu; du reste, les personnes qui seraient appelées à exécuter cette décoration doivent connaître parfaitement et l'emploi des couleurs et le dessin en général.

Pour la dorure des filets et des ornements, vous soignerez d'abord parfaitement les apprêts, en passant un blanc d'œuf pour éviter que l'or ne prenne en dehors des parties dorées, et aussi pour que les filets puissent se couper bien nets. Pour faire une belle dorure, on doit donner d'abord une couche de gomme laque sur les parties à dorer, ce qui forme un corps dur et lisse; on passe ensuite la mixtion composée exprès pour cet usage, en commençant par l'essayer pour connaître son degré de force et savoir combien elle met de temps à sécher; cela évitera un double emploi, car on serait obligé d'en coucher une trop grande quantité, si elle séchait trop vite. On teintera la mixtion avec du jaune de chrôme broyé à l'huile, ce qui suffira pour l'empêcher de sécher trop. On doit pouvoir passer la mixtion de la veille au lendemain;

il faut qu'elle soit bien prise, et juste à point pour pouvoir recevoir l'or : trop fraîche, elle en détruirait le brillant. Il faut toujours la teinter, soit avec du vermillon, soit avec du chrôme ; cela aide d'ailleurs pour rechampir, et laisse en dessous de l'or une transparence qui fait très-bien.

Pour dorer, on met des feuilles d'or sur le coussin affecté à cet usage ; puis, avec le couteau, on étend une feuille d'or, qui doit être bien étendue, résultat que l'on obtient en soufflant légèrement sur la feuille que l'on emploie. On coupe ensuite cette feuille par morceaux de dimensions appropriées aux parties ou filets que l'on veut dorer.

Ayez soin de passer sur la joue droite du suif de chandelle, afin de pouvoir, avec l'instrument affecté à cet usage et appelé palette à dorer, que l'on passera légèrement sur le suif, prendre le morceau d'or sans le fripper et l'appliquer sur la mixtion, toujours sans froisser ni plisser l'or, que vous appuyez ensuite avec le blaireau ou pinceau à appuyer l'or. Vous attendrez, pour épousseter avec ce même pinceau, que la mixtion soit bien dure, pour ne pas détruire le brillant, la pureté de l'or. Avoir bien soin, dans les ornements et dans les fonds, de bien atteindre en couchant la mixtion et en dorant, et d'étendre cette mixtion d'une manière bien égale et bien nette.

Pour la décoration des salons, il est difficile de donner une longue description, vu que ces sortes de travaux se font généralement d'après le goût et le talent personnels de l'artite qui est chargé de leur exécution. Le même salon peut se décorer de plusieurs manières, sans pour cela rien changer aux dessins primitifs ni aux dispositions ; le tout se fait suivant le goût des artistes ou des clients, souvent aussi d'après la convention. Notre dessin est très-simple et très-facile à imiter : nous espérons que nos lecteurs en seront contents.

Décoration, style Louis XIV

IMITÉ DE BÉRAIN

Il est nécessaire, pour l'exécution de ce genre de décoration, d'avoir apporté un soin tout particulier aux apprêts des fonds. Il y a dans ce panneau trois sortes de teintes formant les fonds. On pourra, pour éviter de rechanger à chaque fois, coucher tout en blanc ; puis, lorsqu'on aura tracé les encadrements et filets, on couchera chaque teinte de fond à sa place et dans son ton, les ornements devant être faits par-dessus.

Le fond du milieu du panneau doit être, comme l'indique notre planche n° 17 de notre Album, extrêmement doux ; on ajoutera donc simplement, dans la teinte blanche qui aura déjà servi pour la teinte générale, une pointe de jaune de Naples et de vermillon, de manière à former une teinte fraîche et chaude de ton ; éviter de faire des teintes trop grasses par leur détrempe; cette décoration peut rester mate comme elle peut être vernie; dans le premier cas, il faut s'arranger de façon à ce que le tout soit également brillant, et éviter, autant que possible, dans l'ornementation les épaisseurs qui, lorsque le travail est verni, produisent un mauvais effet à l'œil.

Pour rendre le travail plus régulier et moins long, faites d'abord un poncif partiel, l'étendue du panneau offrant trop de difficulté pour le ponçage en aussi grande partie; mais il faut raisonner cette opération de manière que toutes les parties se rapportent bien ensemble et conservent, si l'on veut exactement copier l'ornement de notre planche, le style qui lui a donné sa dénomination. Les ornements étant réguliers du côté droit et du côté gauche, on établira le poncif de la partie que l'on voudra dessiner de la manière suivante : prendre une feuille de papier assez fort, de dimension à pouvoir contenir le motif, plier cette feuille en deux, et, sur la moitié, dessiner l'ornement également par la moitié, piquer ensuite avec un piqueur ou une aiguille très-fine sur les traits que l'on aura faits, le plus serrés possible, sans gâter le dessin et en lui conservant toute sa grâce. On mettra son papier pour piquer sur une couverture pliée en trois ou quatre doubles, bien étendue et formant assez de résistance; il faut aussi que le papier soit plié bien juste et bien maintenu, afin que l'on ait, lorsqu'il sera déplié, la reproduction exacte et régulière du dessin. La poncette sera faite avec de la braise pulvérisée que l'on mettra dans un morceau de toile assez claire pour

que la poudre de braise puisse passer en frottant la
poncette sur le papier. Prenez un aplomb milieu perpendiculaire et un niveau horizontal qui doivent
guider pour toute l'ornementation et disparaitre aussitôt le travail terminé ; vous placerez le dessin, piqué
comme il a été dit plus haut, le milieu correspondant
sur l'aplomb, en le maintenant bien adhérent sans
qu'il puisse se déranger. Pour éviter la confusion des
points, il faut une, deux ou trois personnes, suivant
la dimension du motif. On frotte ensuite la poncette
sur toutes les parties du dessin dont on a la reproduction.

On pourra se servir du moyen dont nous venons
de parler pour toutes les parties ayant une parallèle ;
par exemple, ornements, coquilles, figurines, dauphins. Il n'y aurait donc que les statues et les roseaux
qui, différant par les formes et par les positions, de-
manderaient chacune un poncif spécial, que l'on
devra faire après leur avoir conservé leurs places res-
pectives, car on sera appelé presque toujours à faire
plusieurs panneaux pareils. Le ponçage étant fait, on
couchera toutes les parties d'ornements à plat ; les
parties destinées à faire relief seront ébauchées également avec les teintes locales, mais on devra en préparer de plus foncées pour former les ombres et les
repiqués. On n'éclairera que lorsque l'ébauche sera
sèche ; mais toutes les teintes, plus foncées ou plus
claires, devront être toujours parfaitement d'accord
avec la première teinte. L'on peut, du reste, se rendre
compte de cette observation en étudiant notre planche ;

on n'a pas voulu produire un ton d'or, mais bien un ton bois, frais et chaud de ton. Cette teinte se compose de blanc de céruse, d'ocre jaune, d'une pointe de jaune de chrôme et de mine orange; les ombres doivent être adoucies et bien comprises pour faire tourner et saillir convenablement, et rehaussées par des teintes plus vigoureuses, sans qu'il y ait rien de sec ni de heurté dans leur emploi; les clairs devront également être placés du côté des parties éclairées, sans être trop secs également ni trop brillants, selon la teinte primitive.

Les tons verts sont également de composition. On compose cette teinte avec du blanc de céruse, du bleu de Prusse et du jaune de chrôme, réchauffé d'une pointe de mine orange, et rehaussé également, comme nous avons dit plus haut, pour ne pas sortir de la vérité. Nous conseillons pour les teintes des roseaux, des dauphins, des eaux mêmes, qui sont d'une nuance pareille, la laque violette dite de Venise, en la modifiant, si besoin est, avec du blanc et une pointe d'outremer; les tons d'ombre pourront être faits avec la même teinte plus foncée, et les tons vigoureux avec de la terre d'ombre brûlée sans mélange de blanc. On fera les hachures qui se trouvent reproduites sur notre planche, conformément à nos explications avec la teinte des ombres, violacées pour les effets brillants, en prenant du blanc d'argent, mais légèrement teinté, pour ne pas faire trop sec. On devra faire tout ce travail hardiment et bien le raisonner. Appelé à exécuter un motif de telle ou telle époque, on doit lui conserver le cachet sous lequel il aura été dénommé, chaque époque, du reste, fournissant son genre et sa manière de faire. Les teintes, quoique variant de cou‑ leur, doivent être entre elles parfaitement d'accord, de manière à ce qu'il existe une harmonie complète dans leur arrangement : clairs, ombres et repiqués doivent être maintenus et compris, selon le côté où l'on aura pris le jour, dans toute l'étendue de l'exécu‑ tion du travail.

Plafond, peinture murale à deux tons.

(Le côté bleu a été exécuté à la mairie de Caen, Calvados)

Le plafond que reproduit notre planche n° 28 de notre Album, peut, comme il est démontré, se faire de deux tons différents ; mais dans ces deux cas on devra, après un apprêt très-soigné sur enduit, par exemple, coucher le fond formant le milieu du panneau, tous les ornements qui s'y trouvent devant être faits sur ce fond, qui est ainsi composé : blanc de céruse broyé à l'huile, teinté légèrement avec du bleu d'outremer, qui mêlé à un certain degré avec le blanc peut donner ce ton qui est quelque peu cendré. On pourra, si on le trouve trop frais, mettre une légère pointe de noir. Ce fond, comme toutes les autres teintes, ne doit être ni trop brillant, ni trop mat ; en conséquence, on devra bien calculer l'emploi de l'huile de lin ou de l'huile blanche, afin d'obtenir ce résultat. Pour faire sécher le fond, on pourra employer de la litharge broyée extrêmement fine, avec de l'encre si l'on veut, ou du zumatique au blanc de zinc ou à la céruse. Il est bien entendu que ce fond doit être très-lisse, par conséquent parfaitement adouci.

Avant la dernière couche on devra tracer ce plafond, c'est-à-dire le cadre et les filets, pour ne pas faire double emploi de teinte, et bien mettre chaque chose à sa place. Pour les fonds, les filets doivent eux-mêmes se faire en dernier lieu, puisqu'ils sont destinés à couper net et à finir le travail ; vous devrez naturellement avoir fait tous ces traits au crayon, assez marqués pour les retrouver quand vous aurez besoin de vous en servir, mais de manière pourtant à ce que, une fois le travail fini, il n'en reste plus aucune trace. Il n'en doit pas être ainsi du tracé des étoiles du milieu placées en quadrille, que l'on indiquera par le moyen du cordeau, avec du blanc d'Espagne, assez légèrement pour que tous ces traits disparaissent une fois le travail terminé.

On usera du même moyen pour l'ornement du milieu : vous chercherez d'abord ce milieu horizontalement et perpendiculairement, mais il faut que cette mesure soit prise avec une parfaite exactitude. Vous ferez d'abord les étoiles placées bien exactement, comme elles sont indiquées sur notre planche, chacune à la place qui lui appartient. Pour accélérer le travail, vous pourrez, au lieu de faire ces étoiles à la main, vous servir d'un pochoir dont nous allons donner l'explication. Vous prendrez une feuille de papier à dessin très-fort, du carton lisse si vous voulez, ou bien encore du papier préparé pour peindre, préparation que vous pouvez faire vous-même. Il suffit de donner au papier au moins deux couches de couleur de pierre ou de blanc de céruse. Ce papier ainsi apprêté est le meilleur; il a de la résistance par son apprêt et ne boit pas la couleur que l'on doit employer. On peut, au lieu de faire une seule étoile à la fois, en faire deux ou trois. Pour obtenir ce résultat, on dispose son papier en une bande assez large, pour pouvoir y placer ces deux ou trois étoiles ou rosaces, dans le sens vertical, par exemple, en suivant toujours une même ligne; on trace le papier exactement comme le plafond; on dessine d'abord les rosaces, on les découpe bien nettes, afin d'arriver à une reproduction parfaite. On doit avoir une teinte verte ou bleue, détrempée de manière à ce qu'elle ne soit ni trop claire, ni trop forte; on en met sur la palette une petite quantité chaque fois que l'on a besoin d'employer cette teinte, qui s'étend avec une brosse, courte de soie, d'un demi-pouce, par exemple. Pour ces rosaces, cette mesure est suffisante.

Quand on a placé le pochoir exactement à sa place et bien adhérent, on prend de la teinte que l'on passe sur la partie découpée sans frotter, mais plutôt en tapotant le bout de la brosse, et même assez à sec pour ne pas faire de bavures. Il faut avoir la précaution de prendre toujours, autant que possible, la teinte nuancée égale; il est donc important d'en préparer assez pour que toutes ces rosaces aient la même teinte.

Le motif du milieu devant être fait à la main, on se servira d'un poncif dont nous allons donner l'explication. Si le motif est trop grand, ce qui arrive surtout pour le plafond, pour être poncé d'une seule fois, faites seulement une moitié qui pourra servir aux deux parties. Prenez un papier assez grand pour contenir cette moitié toute entière, pliez-le en deux, bien d'équerre, et dessinez la moitié de l'ornement sur la partie que vous jugerez convenable.

Piquez ensuite votre papier sur les traits que vous aurez faits, en serrant bien et sans rien détruire dans l'exactitude du dessin. Pour cette opération, il faut placer son papier sur une couverture pliée en deux ou trois doubles, bien tendue pour que le papier trouve de la résistance, ne se dérange pas et permette au piquoir de le traverser. Quand ce double travail sera terminé, en dépliant le papier, vous aurez le dessin tout entier. Placez-le ensuite exactement au milieu sur le trait horizontal et vertical tracé d'avance, de manière à ce que les palmettes du motif de notre planche soient bien en face de chaque partie du milieu; maintenez bien le poncif, de manière à ce que, en passant la poncette, ce poncif ne puisse se déranger, ce qui ferait doubles points ou mettrait le dessin hors de son équerre. Évitez, pour faire cette poncette, de vous servir de noir ou de braise pulvérisée, qui pourrait, quand vous ferez l'ornement, se mêler avec la teinte; prenez plutôt du blanc d'Espagne

12.

bien sec et écrasé bien fin, placé dans un morceau de toile assez claire pour que le blanc puisse passer ; trottez ensuite cette poncette sur le dessin, en ayant soin de n'oublier aucun détail, et vous aurez votre dessin bien exact en retirant le poncif.

Si vous croyez pouvoir faire le motif entier, pliez e papier en quatre, et dessinez sur l'un des quarts ; mais il faut que le papier soit plié bien exactement, et fixé de manière à ne pouvoir se déranger. Exécutez le travail avec un pinceau en passant d'une manière hardie et gracieuse sur les points du poncif, sans que les volutes de ce dessin soient cassées ni irrégulières.

On doit voir que, d'un côté du panneau, le fond de la rosace est vert. Faites donc d'abord un fond vert et le travail de la rosace en jaune par-dessus. Si vous voulez faire l'autre côté, vous remarquerez que la rosace est faite sur le fond général. Les ornements violets, si l'on adopte ce ton, sont pour la teinte composée de blanc de céruse, de laque rose et de bleu de Prusse, ou bien de la laque violette, dite de Venise, mélangée d'un peu de blanc. Ces teintes séchant difficilement et ne contenant que peu de blanc, on pourra employer un peu d'huile grasse, mais très-peu, pour éviter de faire faïencer. Ces teintes doivent être assez fortes pour pouvoir couvrir d'une seule fois ; un ornement de ce genre repassé peut perdre de sa grâce. Il y a d'ailleurs économie de temps.

La teinte des ornements jaunes est composée d'un peu de blanc de céruse, pour lui donner du corps, d'ocre jaune et d'une pointe de jaune de chrôme, pour la rendre plus fine ; mais il faut toujours proportionner le mélange de ces couleurs de manière à arriver au ton de notre planche 28. En suivant exactement nos indications, on peut arriver facilement à ce résultat.

Quant au champ formant l'encadrement du plafond, que l'on fasse le côté chamois ou bleu, on doit faire l'un et l'autre de ces fonds en premier lieu.

La teinte chamois est composée de blanc de céruse, d'ocre jaune et de jaune de Naples ; on peut mettre une pointe de vermillon pour réchauffer ce ton, mais modérément, car il faut un ton très-frais.

Pour la teinte bleue nous conseillons le blanc de céruse, le bleu de Prusse dernier employé, en quantité convenable pour arriver à notre teinte.

Le côté bleu, comme on peut le voir sur notre planche, a été exécuté dans une des salles de la mairie de Caen (Calvados). Après avoir pris le milieu de ce champ et tracé, comme nous l'avons expliqué plus haut, on poncera les ornements jaunes avec du jaune de Naples et du blanc de céruse ; les petits bouquets devront être faits avec du blanc d'argent, afin qu'ils soient parfaitement brillants et détachés ; pour le fond des rosaces qui sont en violet, on pourra se servir des couleurs que nous avons indiquées pour le motif du milieu, et faire les feuilles de la rosace par-dessus pour perdre moins de temps, car on n'est pas obligé de ménager les feuilles et le filet formant le cercle de la rosace.

Pour les ornements rouges, rosaces et palmettes sur le fond chamois, employez les mêmes moyens, en observant toutefois que cette teinte étant composée de laque carminée, couleur qui a trop peu de corps pour couvrir, il faut ajouter un peu de vermillon; vous ferez les feuilles de la rosace avec la teinte du fond chamois.

Pour les ornements verts, on devra composer le vert avec du bleu de Prusse, du blanc de céruse, de l'ocre jaune et une pointe de jaune de chrôme; mais on doit remarquer que ce ton étant un peu amorti, il ne faut mettre, pour obtenir cette teinte, qu'une très-petite quantité de la dernière couleur. Procédez ensuite au filage, composé des mêmes teintes que nous avons déjà décrites; évitez les reprises sur les gros filets qui doivent être parfaitement nets et d'une teinte bien égale et locale dans toute leur étendue; prenez du jour, si vous voulez faire saillir ces filets, en mettant les repiqués, ou ombre, toujours du côté opposé à celui d'où vient le jour.

Le travail de ce plafond peut être destiné à être verni, comme il peut rester mat. On devra, dans ce dernier cas, s'arranger de manière à ce que toutes les teintes soient également brillantes ou également mates : c'est l'affaire du raisonnement dans la composition des teintes. Quand le travail doit être verni, on est dispensé de cette précaution. Cependant il ne faut pas abuser de l'huile grasse, ni de l'huile de lin dans ce genre d'ornementation, pour en assurer la durée et conserver la fraîcheur des tons. Vous obtiendrez ce résultat en employant ces deux liquides avec modération. Évitez aussi que les teintes employées ne forment épaisseur, ce qui serait disgracieux à l'œil et détruirait tout l'effet du travail.

Nous pensons avoir donné tous les renseignements nécessaires à l'exécution des plafonds n°ˢ 13 et 28 de notre Album, et nous espérons que nos lecteurs en seront satisfaits.

Plafond genre Renaissance.

Pour toute décoration, ornementation même, il faut un fond primitif. On doit donc faire ce fond de manière à le rendre utile, en l'appropriant à la décoration que l'on veut exécuter. Dans le plafond représenté sur notre planche n° 13 de notre Album, le fond chamois est celui que l'on doit adopter, puisque c'est cette teinte qui domine et sur laquelle sont placées toutes les autres teintes. On a donc, si l'on a recours à ce moyen comme nous l'indiquons, une teinte de moins à rechampir, et, par conséquent, économie de temps.

Dans l'ovale formant le milieu du panneau il existe des ornements blancs, et l'on doit voir qu'ils sont faits pardessus le fond chamois, dont la teinte s'obtient de la manière suivante : blanc de céruse broyé à l'huile dans lequel on détrempe de l'ocre jaune en quantité suffisante pour arriver au ton que l'on désire ; on peut rendre ce ton plus fin en y ajoutant du jaune de Naples, et, pour réchauffer cette teinte, on peut ajouter une légère pointe de vermillon, ce qui donnera un ton très-frais aux couleurs ci-dessus énoncées; il faut détremper le tout avec de l'essence de térébenthine et un peu d'huile de lin, pour faire sécher plus facilement cette teinte; la même observation s'applique à toutes les teintes, qui, par leur nature, sont un peu longues à sécher. Si l'on emploie l'huile grasse, ne s'en servir qu'avec une grande modération, car elle est sujette à faire faïencer, par conséquent à compromettre la durée de la décoration et à occasionner de graves désagréments à l'exécutant.

Quand le fond est sec, on trace l'ovale au milieu, afin de pouvoir faire la distribution du quadrillé composant le reste du panneau, sans quoi on se trouverait exposé à faire double emploi de travail, ne sachant pas précisément où cet ovale doit se placer.

Nous avons dit plus haut que le fond devait être chamois, mais il y a cependant une exception à cette règle, exception qui donne plus de facilité pour l'exécution du quadrillé et des rosaces : on couvre tout ce qui entoure l'ovale en vermillon, légèrement teinté d'un peu de laque, afin d'en amortir un peu la vivacité qui tirerait trop l'œil, car le vermillon est tellement éclatant relativement aux autres teintes qu'il peut détruire l'effet; par ce moyen, en outre, on arrive à donner une teinte un peu vineuse et qui est assez agréable à l'œil, à la condition toutefois qu'elle ne soit pas trop prononcée.

Nous disons donc qu'il faut d'abord tracer son plafond sur la teinte de fond, parfait d'équerre dans toutes ses parties, puisque ce sont ces mêmes équerres qui doivent guider pour toutes les autres parties de l'ornementation. Ainsi, pour le fond du quadrillé, on trace d'abord les quatre parties formant écouisons du panneau; il reste, ceci fait sur le fond primitif, les quatre parties en équerre où se place le motif étrusque qui figure à chaque coin du panneau. On fait ensuite la distribution du quadrillé en prenant les dispositions nécessaires pour que toutes les parties en soient correctes et arrivent parfaitement dans chaque partie au même point. C'est cette régularité qui fait la beauté du travail. Au lieu de rechampir les rouges et autour des ronds qui contiennent les trèfles tout verts et le filet formant losange, qui pourrait, malgré toutes les précautions, être rompu, il serait plus simple et plus prompt de prendre de la teinte de fond, que l'on aurait mise de côté pour cet usage ou même pour réparer au besoin un accident, et de s'en servir pour filer le quadrillé; ce filet terminé, selon l'étendue de la partie que l'on exécute, proportionnellement à celui qui existe sur la planche n° 13, il faut agir de la même manière pour les ronds chamois, dont nous avons fait mention; après les avoir préalablement tracés avec un compas, si on le juge à propos, on n'a plus qu'à remplir avec précaution et l'on obtient plus sûrement un cercle parfait par ce moyen beaucoup moins long que l'usage du poncif; en traitant ainsi le filage et le remplissage de ces ronds, il y a économie de temps, puisque l'on n'a pas à s'occuper de ménager le filet et la partie du milieu de chaque quadrillé pour les trèfles et les points. On peut les faire également en se servant du poncif qu'on aura fait pour les reproduire et les mettre chacun à sa place, mais dans ce cas le travail devra se faire à la main, ce qui prendra beaucoup de temps.

Il y a un moyen beaucoup plus expéditif : il consiste à se servir d'un pochoir, fait soit avec du papier à dessiner très-fort, soit avec du carton lissé ou même encore avec du papier préparé pour peindre, papier que l'on peut apprêter du reste soi-même, en le choisissant assez fort et lui donnant deux couches au moins de blanc de céruse ou de ton pierre, ce qui est préférable et plus solide. On tracera sur ce papier, dans sa dimension, la partie d'ornement que l'on doit exécuter. On découpera parfaitement net et d'une manière régulière cette partie d'ornement ; ensuite on se servira de la teinte que l'on veut employer détrempée, mais pas trop liquide cependant, de manière à pouvoir en mettre une petite partie, à mesure des besoins, sur une palette, avec une brosse très-courte de soie. On placera le pochoir à la place où doit être reproduit l'ornement et bien adhérent à cette même place. On étendra la teinte avec la brosse sans trop frotter, de préférence en tapotant du bout de la brosse, afin d'éviter les bavures, et, pour que le ton soit bien local, on aura soin de prendre autant que possible la même quantité de teinte chaque fois ; il faudra donc en avoir préparé assez pour obtenir cette régularité de ton.

Il est indispensable d'essuyer souvent le pochoir du côté opposé à celui où l'on passe la teinte, afin d'avoir toujours un travail parfaitement propre.

Le moyen du pochoir n'est pas une règle générale, mais un simple avis que nous donnons.

Pour la rosace du milieu de l'ovale on aura, comme pour les quadrillés, d'abord couché en vermillon. Nous avons déjà donné l'explication de cette teinte, et l'on doit remarquer que, dans le plafond indiqué sur notre planche, ce ton est partout le même et en harmonie parfaite avec l'ornementation ; et, après avoir exécuté le travail du fond, on donnera à la rosace les tons chamois et vert, mais celui-ci toujours en dernier. Au moyen d'un poncif, on aura partagé le plafond par le milieu, perpendiculairement et horizontalement, en traçant des traits au cordeau sur lesquels on placera le poncif, de manière à ce que le milieu des palmettes horizontales et perpendiculaires corresponde exactement, chacune dans son sens, aux traits que l'on aura faits, dont l'un devra servir pour les vases étrusques figurant aux deux extrémités du plafond, ainsi que pour le motif de l'ornement blanc de l'ovale dont nous allons parler. Ces ornements devront être faits à la main après avoir été poncés ; en général on devra éviter pour tous les ornements de cette planche, exécutés à l'aide du poncif, de se servir de noir ou de braise pulvérisée, l'un et l'autre pouvant se mêler avec la teinte et faire sale ; on peut faire le fond assez soutenu au moyen d'une poncette avec du blanc d'Espagne écrasé bien fin et bien sec.

13

Dans le cas où le motif à exécuter serait d'une dimension trop grande pour pouvoir être poncé facilement on pourrait le faire en deux portions. On prendrait un papier assez grand pour contenir la moitié du motif, on le plierait en deux et l'on dessinerait le motif sur un côté ; on le piquerait exactement sur les mêmes traits, bien serré et le plus fin possible ; en ouvrant le papier ensuite, on aurait la reproduction exacte des deux côtés parallèles. Il est bien entendu que l'on devra piquer son dessin sur une couverture pliée en trois doubles au moins et bien étendue, de manière à résister et à maintenir le papier ferme et bien fixé, sans quoi le dessin se trouverait imparfait et inexact dans sa reproduction.

Soit que l'on commence par l'une ou par l'autre partie, car le poncif peut servir pour l'une et pour l'autre, il faut le placer bien exactement sur les traits mentionnés plus haut, en le tenant de manière à ce qu'il ne puisse bouger ; puis éviter, en passant la poncette, de faire doubles points, ce qui rendrait l'exécution difficile.

Ceci étant fait, on exécute le travail en s'arrangeant, autant que possible, de manière à ce que la teinte couvre du premier coup, des ornements aussi délicats que ceux du plafond de la planche 13 pouvant perdre de leur grâce s'ils étaient repassés deux fois ; il ne faut pas que ces ornements, autant que possible, soient tâtés (expression dont on se sert en peinture) ; il faut qu'ils soient faits hardiment, comme tous les ornements du reste, *niels et à volutes*. Ceux de cette planche, vases, coins et petits panneaux, haut et bas du plafond, doivent être faits comme nous venons de l'indiquer; les déliés étant très-fins, l'usage du pochoir ne peut être d'aucune ressource, la main seule peut amener un bon résultat.

On pourra se servir du pochoir, par exemple, pour les petites rosaces indiquées dans le champ, pourtour du plafond. On aura soin avant de faire, avec la teinte de fond, les petites palmettes qui s'y trouvent, de coucher le fond vert; on pourra les faire à la main ou au pochoir, selon qu'on le jugera convenable. On devra remarquer qu'elles sont repiquées par une teinte vigoureuse du côté opposé au jour. Quant au fond vert, on obtiendrait difficilement avec un vert composé une teinte aussi fraîche que celle de notre planche; on prendra donc le vert anglais, en le mélangeant d'un peu de céruse pour lui donner plus de corps, ou le vert en grain, deux verts qui ont assez de solidité. On peut modifier chacun de ces tons selon son goût, mais il faut les harmoniser ensemble pour qu'il n'y ait rien de heurté. Après avoir tracé entièrement le plafond et couché le champ de vermillon, on fait les ornements, comme nous l'avons dit, et l'on procède au filage, en exécutant chaque filet dans le ton qui lui est propre; pour les filets et repiqués violets, on pourra prendre, si l'on veut, de la laque violette dite de Venise, ou, à son défaut, de la laque rose mélangée de bleu de Prusse. On peut, avec ces deux couleurs, obtenir le ton violet; il faut faire toutes les teintes assez fortes pour qu'elles couvrent, mais non pas de manière à ce qu'elles fassent épaisseur ; il ne faut pas oublier non plus, ces couleurs pour la plupart séchant fort difficilement, qu'il est important de n'employer l'huile grasse qu'avec une grande modération ; l'huile de lin ou l'huile blanche doit être employée en quantité suffisante pour que le travail ne soit ni trop brillant ni trop mat, et qu'il puisse rester tel qu'on l'aura exécuté, verni ou non.

Les apprêts des fonds devant recevoir une application décorative, telle que celle de notre planche, doivent ê re parfaitement traités pour en assurer la complète réussite et donner à la décoration toute sa valeur.

Nous pensons n'avoir rien oublié dans l'explication de notre planche des procédés d'exécution dont nous nous servons tous les jours dans nos ateliers.

Store genre Watteau.

Nous avons déjà donné la manière d'exécuter les stores en général, mais nous croyons devoir nous répéter, afin que toutes les personnes qui prennent une planche isolément puissent profiter de nos renseignements.

Nous allons donc parler du métier nécessaire pour l'exécution des étoffes, des couleurs à employer, etc.

COMPOSITION DU MÉTIER

Il faut d'abord deux montants et deux traverses, dont nous allons expliquer l'emploi.

Le métier étant appelé à servir pour des stores de plusieurs dimensions, et étant destiné à durer le plus longtemps possible, on devra l'établir d'une manière solide et commode en même temps. On aura deux montants d'un bois qui ne soit pas susceptible de gauchir, et parfaitement pareils quant à la hauteur et à l'épaisseur. La hauteur, pour les raisons que nous avons données plus haut, devra être au moins de trois mètres et même plus, si l'emplacement dont on pourra disposer le permet. Ces montants devront être carrés, et chaque face aura de 10 à 12 centimètres. On fera placer des mortaises de distance en distance, haut et bas, afin de pouvoir faire des stores de plusieurs dimensions.

Il est bien entendu que ces mortaises doivent être exactement en regard les unes des autres sur chaque montant, de manière que le métier étant tendu, l'on ait un niveau parfait, ce qui est absolument indispensable. Les traverses appelées à passer dans les mortaises devront être établies de manière à pouvoir glisser facilement sans cependant être trop faibles. Le bois de sapin, pour ces dernières et pour les montants, peut être employé, à la condition d'être bien sec.

La largeur devra être appropriée également à l'exécution de stores plus ou moins larges, de 3 mètres par exemple, ce qui peut se présenter. Dans ce cas, elles devront dépasser un peu les montants; on fera percer des trous de distance en distance afin de placer des chevilles d'arrêt, arrangés de cette manière dans chaque bout jusqu'au tiers de chaque traverse, et espacés également.

On clouera sur chaque montant de la sangle de fil très-solide, de 4 à 5 centimètres de large, du haut en bas des montants, parfaitement droit et assez serré avec des pointes à tapisser. La sangle dépassera l'angle intérieur du montant afin de pouvoir coudre l'étoffe, comme il va être expliqué.

Il y a de l'étoffe affectée à l'usage des stores et qui est sans apprêt : on peut employer le calicot ordinaire, ou, si l'on veut faire quelque chose de très-fin, de la mousseline; mais, généralement, on ne peut employer cette dernière que dans des endroits où les stores ne sont pas assujettis à trop de fatigue. Du reste, quelle que soit l'étoffe que l'on emploiera, il faut en prendre un peu plus que la mesure exacte, afin de pouvoir coudre sur le métier : ceci est affaire de calcul et de raisonnement. On coudra à chaque extrémité du store, haut et bas, une sangle percée d'œillets de distance en distance et d'une manière bien exacte. On aura soin de ne pas tirer sur l'étoffe en cousant ces sangles, ni sur les montants; on n'a pas non plus besoin de faire des points trop serrés. Ce genre de couture doit être fait en surjet.

On passera ensuite à l'autre opération, qui consiste à coudre l'étoffe sur les montants disposés horizontalement sur des tréteaux, en les rapprochant pour avoir plus de facilité à coudre l'étoffe. Il faut arrêter solidement les points aux quatre angles, pour éviter qu'ils ne s'échappent en tendant le store; on redresse ensuite les montants sans friper l'étoffe.

Il faut autant que possible pour cette opération deux personnes; on réussira plus complétement et plus facilement. On passera ensuite les traverses dans les mortaises, et l'on fixera, haut et bas, l'un des montants bien d'aplomb, avec une fiche mise à l'intérieur, en écartant l'autre jusqu'à ce que l'étoffe soit suffisamment tendue; on arrête de la même manière que pour l'autre montant.

Le métier monté doit s'appuyer de manière à pouvoir tourner autour en faisant face au jour. C'est indispensable, puisque l'on doit travailler en transparent, pour bien juger de l'effet des teintes. Ce que nous venons de dire s'applique à la tension dans la longueur.

Pour la hauteur, on passera une ficelle qui puisse entrer dans les œillets de la sangle haut et bas, en commençant soit à droite, soit à gauche, dans le premier œillet; on y fixera à demeure, par un nœud, l'extrémité de cette ficelle que l'on passera ensuite par-dessus la traverse en allant rejoindre l'autre œillet, et ainsi de suite jusqu'à l extrémité. Ceci peut se nommer lacet. Agissez de la même manière de l'autre côté, et, pour achever de tendre, recommencez, au

côté d'où vous êtes parti, à lacer sur la première ficelle
en la maintenant ferme, et ainsi de suite pour toutes
les autres; il est important de bien arrêter pour que ni
les unes ni les autres ne se relâchent.

On procède ensuite à l'encollage, qui se fait avec
de la gélatine fondue, comme on a l'habitude de le faire
pour la colle de Flandres, que, du reste, on peut employer aussi. Elle revient moins cher, mais elle peut
faire jaunir; elle est bien moins souple et reçoit la
couleur avec moins de perfection que la gélatine. Il y
a encore l'amidon qui s'emploie de la même manière
pour les stores mousseline; l'amidon a l'avantage de
faire très-blanc; mais, à notre avis, la gélatine est
supérieure à tout autre produit. Il ne faut pas que cet
encollage soit trop fort cependant; car il pourrait
casser quand on roule les stores, et jaunir à l'endroit
des reprises de brosses en encollant.

Il est bien entendu que cet encollage doit être employé chaud et extrêmement propre. On aura soin de
le passer dans un linge ou un tamis très-fin, et l'on
prendra, pour l'étendre, une brosse à plafond très-
douce et ne jetant pas de soie; on croisera les coups
de brosse avec soin, pour éviter les maigreurs et les
manques de touche, ce qui ferait tache.

Comme l'étoffe se sera détendue et voilera, quand on
arrivera à la fin du store, avant de commencer à en-
coller de l'autre côté, il faudra retendre en employant
les moyens que nous avons déjà indiqués. On procédera de la même manière pour l'encollage du côté
opposé, c'est-à-dire à l'envers, pour nous faire mieux

comprendre, en croisant les coups de brosse dans le sens inverse, perpendiculairement et horizontalement, si l'on a fait autrement pour le devant du store. Il faut aller très-vite, parce que la colle, en figeant ou en séchant, pourrait nécessiter des reprises.

Il est très-important que ce travail soit fait avec le plus grand soin : c'est de lui que dépend le succès entier du store. On devra retendre définitivement le plus possible, en conservant l'aplomb et le niveau. L'étoffe n'étant pas dans son droit fil pourrait empêcher le store, quand il est monté, de rouler parfaitement droit.

Il arrive presque toujours que l'on a deux stores à faire. Avec un métier assez grand on peut les monter tous les deux sur le même métier et coudre les deux stores en même temps, ce qui évite de recommencer l'encollage et le montage.

Il faut préparer assez de la teinte dont on devra se servir et assez d'encollage, car dans ce genre d'opération, il est bien difficile de reproduire, soit la teinte, soit l'encollage d'une manière parfaitement égale.

Les teintes dont on devra se servir seront broyées à l'avance, à l'essence de térébenthine, et mises dans de petits vases ou godets toujours maintenus humides et propres à employer. Pour détremper ces teintes et exécuter le travail, on prendra de très-bon vernis gras à intérieur, séchant bien et ne poissant pas, mélangé avec de l'essence, mais de manière à conserver son brillant. Il ne faut pas non plus que ce vernis soit trop fort, car il pourrait casser en roulant l'étoffe.

On ne doit employer que des couleurs transparentes,

13.

mais sans aucun mélange de blanc. L'étoffe doit **servir** pour les clairs ; c'est par le liquide, que l'on porte à un degré plus ou moins élevé, que l'on obtient plus ou moins foncé. La laque jaune est très-bonne pour les tons d'or, mélangée de terre de Sienne calcinée, pour lui donner un **peu** de chaleur ; le vermillon fait noir au transparent ; les ocres, en général, ne peuvent **être** employés. Il y a toutes les terres : la terre de Colo, la terre de Sienne brûlée, la terre de Cassel, la terre de Sienne naturelle, la laque carminée, le carmin même ; on peut également employer la mine orange, mais très-claire en liquide; le bleu de Prusse, l'outremer et tous les verts, depuis le vert-de-gris. Le noir sera composé d'un mélange de terre de Cassel et de bleu de **Prusse**; le noir seul produit un ton gris. On devra essayer **des** teintes sur un des côtés de l'étoffe que l'on aura **en** plus après le tracé du store.

On commence par tracer le store dans sa **mesure** exacte, et, comme le travail doit se faire au transparent, on tracera naturellement sur le côté opposé à celui du travail, mais ce tracé devra s'effacer lorsqu'on n'en aura plus besoin.

Si l'on veut reproduire l'ornementation du store de notre planche, on fera d'abord un poncif pour la régularité de l'exécution, en se servant, pour dessiner, d'un papier assez fort. Cette opération terminée, on prendra soit un piquoir, soit une aiguille fine, et l'on piquera en suivant les traits du dessin très-serré, mais **sans** détruire sa forme ni sa grâce. Il faut mettre le papier sur une couverture pliée en trois ou quatre de manière à offrir assez de résistance pour l'opération. On se sert de braise très-fine, écrasée ou pulvérisée, placée dans un morceau de toile assez claire, de sorte que, en frottant la poncette sur le dessin, les points se trouvent reproduits. Il faut placer le poncif sur la place qu'il doit occuper, place indiquée par l'aplomb milieu tracé au cordeau.

On pourra, pour obtenir le ton de notre ornement en relief, employer du jaune de Naples, ou de la terre de Sienne naturelle réchauffée d'une pointe de terre de Sienne brûlée. Mais il ne faut pas oublier que c'est par le liquide que l'on doit faire plus ou moins clair.

L'étoffe devant masquer les chairs, on les ménagera en opérant. Les tons foncés destinés à faire tourner et à donner du relief s'obtiennent avec de la terre de Sienne naturelle, de la terre de Sienne brûlée et un peu de terre de Cassel, ou bien encore de la terre de Cologne modifiée avec l'une ou l'autre des terres ci-dessus mentionnées. Les repiqués ou tons vigoureux sont composés des mêmes couleurs, plus ou moins épaisses ou foncées. Il ne faut pas oublier que chacune de ces teintes doit être en accord de ton avec toutes les autres, puisqu'elles ne sont destinées qu'à former ombre; il ne doit donc y avoir rien de heurté. On aura pu, du reste, coucher l'ornement à plat avec la première teinte, puisque l'on devra faire des parties martelées ou en hachures, ou fendues par endroits. Ces teintes devront avoir été détrempées dans un gode avec du vernis, au degré que nous avons indiqué plus haut.

Le fond d'encadrement, ou champ du store, devra avoir été fait immédiatement après le tracé, en ménageant les contours de l'ornement dont la transparence ne doit être ni gâtée, ni détruite par le contact d'une teinte quelconque. Les fonds en général demandent beaucoup de promptitude et de soins, car ils doivent être parfaitement unis et sans aucune tache ni reprise.

Pour obtenir la teinte violette de notre planche, on détrempera de la laque carminée ou rose avec une pointe de bleu de Prusse, en proportion, bien entendu, de la teinte que l'on veut obtenir, en observant de ne pas mettre trop de vernis, afin de pouvoir étendre facilement la teinte avec le chiffon, comme nous allons l'expliquer.

La teinte étendue avec la brosse devra naturellement se trouver plus foncée qu'elle ne doit l'être, l'opération terminée. Il est donc important de l'essayer sur la partie en trop du store. Quand on aura couché de teinte une partie du champ avec une brosse très-douce, assez grassement, mais sans que la teinte coule, on prendra un chiffon dont on formera une espèce de tampon que l'on frottera sur la partie glacée en arrondissant ces frottés de manière à bien étendre la teinte d'une manière égale. Il faut avoir la précaution de se munir également d'un chiffon plus sec pour repasser. Comme cette teinte prend très-vite, il vaut mieux faire ce travail à deux. Pendant que l'un couche de teinte, l'autre étend, mais il faut aller très-vite; on doit arriver à la fin sans aucune nuance ni reprise.

C'est un travail assez difficile; par manque de vivacité, ou faute d'avoir raisonné son travail, on peut manquer un store.

Il faut que les couleurs soient broyées très-fines.

Si, lorsque l'on a des fonds à faire, on craint que l'encollage ne soit pas assez fort, ou bien qu'il n'y ait quelques maigreurs, on en donnera un second, mais il faut marcher hardiment. On fera ensuite sur le fond, lorsqu'il sera assez sec pour ne pas dépouiller, le quadrillé qui aura été tracé préalablement, comme tout le reste, à l'envers. Cette teinte doit couvrir et cependant rester transparente. On la composera de terre de Sienne nouvelle et de terre de Sienne brûlée; on s'en servira pour filer les quadrillés; ensuite on exécutera les petites rosaces, après les avoir poncées, chacune bien à sa place; la régularité du quadrillé et des rosaces doit être parfaite. Les ombres portées, produites par les ornements en relief, pourront se faire avec la teinte de fond laissée telle qu'elle aura été appliquée par le pinceau.

Pour éviter les taches ou gouttes de peinture, on inclinera le store du haut de manière à ce que les gouttes tombant perpendiculairement ne tachent pas les stores.

Pour le paysage, nous avons indiqué les couleurs à employer en général, ainsi que la manière de détremper. On commencera par tracer les objets que l'on veut exécuter, personnages, arbres, tout le paysage enfin, en laissant intactes les parties de telle ou telle teinte, puisque toutes doivent être transparentes.

Dans la peinture à l'huile, on n'a pas besoin des mêmes précautions : on peut recouvrir avec les couleurs que l'on emploie; mais ici il faut surtout ménager les clairs par l'étoffe. On ébauche d'abord en clair, et l'on revient ensuite, pour finir, par des teintes plus vigoureuses. Ceci, du reste, est un travail artistique qui doit être raisonné et parfaitement compris, comme dessin et comme coloris.

Nous espérons que nos explications sont assez claires pour être utiles aux personnes appelées à exécuter le store de notre planche n° 29 de notre Album.

Store Louis XVI.

Nous allons procéder par ordre pour donner l'explication de ce store, en commençant par son apprêt qui est le point essentiel, car c'est de là que dépend la réussite.

On doit, si l'on veut réussir parfaitement pour le tendre, se procurer un métier établi de la manière suivante : deux montants, au moins de 8 ou 10 centimètres chaque face ; il est entendu qu'ils doivent être carrés, et plus ils sont forts, moins ils sont assujettis à se dévier ou à gauchir. Ce métier devant servir plusieurs fois, on peut faire établir les montants de 2 à 3 mètres de hauteur, y faire percer des mortaises de distance en distance du haut en bas, bien en face l'une de l'autre, et assez larges pour pouvoir y passer

les traverses dont il va être question plus bas. Ces
mortaises ainsi distancées peuvent servir à faire des
stores de plusieurs dimensions. Il faut clouer le long
et au bord de chaque montant des sangles du haut
en bas, bien droites, et dépassant un peu l'angle du
montant, afin de pouvoir coudre l'étoffe, comme nous
allons l'expliquer. On doit avoir aussi deux traverses
qui puissent passer dans les mortaises et y glisser facilement, quoiqu'étant assez fortes. Il doit y avoir des
trous espacés de distance en distance et arrangés en
triangle, de façon à pouvoir y placer une fiche pour
serrer et empêcher le métier, quand il est tendu, de
céder, au lieu de rester au point exigé ; quant à l'é-
toffe, on n'a que l'embarras du choix ; cependant il y
en a d'affectées spécialement à cet effet et sans apprêt.
On peut aussi prendre du calicot ordinaire, ou, si l'on
veut avoir un store très-fin, on peut prendre de la
gaze. Cela nécessite un apprêt différent qui trouvera
sa place dans notre explication.

Dans l'un et l'autre des deux premiers cas, il faut
coudre en haut et en bas du store des sangles assez
solides, garnies d'œillets. Pour avoir plus de facilité,
on couche les deux montants sur des tréteaux, puis on
coud l'étoffe de bas en haut après les sangles qui sont
sur les montants bien droits. Il n'est pas nécessaire
de trop serrer les points, et il ne faut pas tirer sur
l'étoffe qui doit se trouver à sa place.—On commence
à coudre après avoir mesuré avec soin la distance
d'où l'on part pour les deux montants, de manière
que le store étant monté se trouve de niveau. Lorsque

l'on a fini de coudre, on redresse le métier en faisant
attention de ne pas friper l'étoffe ; il faut généralement deux personnes pour maintenir les montants et
passer les traverses dans les mortaises. Ces traverses
doivent être placées au moins à 20 ou 30 centimètres
de distance du haut en bas du store, de manière à ce
que, lorsqu'il est écarté et tendu dans sa largeur , on
puisse le tendre également dans sa hauteur ; pour
cette opération passer dans le premier œillet de la
ficelle un peu forte, pour avoir plus de résistance ;
fixer l'extrémité du côté par où l'on commence par un
nœud au premier œillet, passer l'autre bout par-dessus la traverse pour rejoindre l'autre œillet, et ainsi
de suite jusqu'au dernier œillet, où l'on fixe encore le
bout de la ficelle, mais pas d'une manière définitive ;
le store étant encollé demande à être tendu une seconde fois, et même souvent plusieurs fois de suite,
de manière à ce qu'il n'existe aucun pli. Exécuter la
même opération pour le bas, si l'on a commencé par
le haut. On aura d'abord, c'est-à-dire avant ce qui
vient d'être expliqué, écarté les deux montants l'un
de l'autre pour tendre le store ; il faut en fixer un parfaitement d'aplomb, l'arrêter en mettant une fiche
dans l'un des trous de la traverse du haut et du bas,
en dedans du montant ; faire la même opération pour
l'autre montant lorsqu'il est arrivé au degré de tension convenable.

Pour l'encollage, on peut prendre de la colle de
Flandres, première qualité, ou, ce qui vaut mieux encore et n'est pas sujet à jaunir, de la gélatine, — qui,

du reste, reçoit mieux la teinte, glace mieux et a plus de souplesse. — Pour les stores de gaze, prendre de cette gélatine ou de l'amidon détrempé et fondu à chaud, mais pour nous la gélatine a toutes les qualités voulues pour ce travail.—Dans l'un ou l'autre de ces cas, on devra faire fondre cet encollage comme on a l'habitude de le faire ; mais avant de l'employer, il faut avoir soin de le passer dans un tamis bien fin et dans un vase extrêmement propre ; il ne faut pas non plus que cet encollage soit trop fort, car il pourrait casser en roulant le store, et faire jaune aux reprises de coups de brosses ; en outre, en l'employant, il pourrait pelotter et laisser des épaisseurs ; on doit employer cet encollage chaud, pas trop cependant.

On doit se servir d'une brosse à plafond en soie blanche très-douce, parfaitement propre et ne perdant pas de soies ; on commencera à coucher en travers pour lisser ensuite perpendiculairement, en ayant soin d'éviter les manques de touches aux reprises ; il n'est pas nécessaire d'avoir couché tout le store du même sens pour faire l'autre sens ; on procédera du reste comme on a l'habitude de le faire quand on fait par exemple un plafond ; il faut aller très-vite pour que les reprises ne se voient pas ; la promptitude assure le succès ; ce travail demande beaucoup de soin et de propreté ; la moindre tache paraît, le moindre manque de touche gâte tout un store, surtout quand on est appelé à faire des fonds, comme nous allons l'expliquer pour cette planche (n° 14 de notre Album).

Lorsque l'on a terminé l'encollage de la face de

devant, par exemple, il faut procéder à l'encollage de la face opposée; mais au lieu de commencer en travers, on doit faire tout différemment, afin d'enverser les sens; par ce moyen on est presque sûr de n'avoir pas de manque de touche. Il peut se faire que le store se trouve trop peu tendu, ayant été mouillé; dans ce cas, avant de commencer l'autre côté, on devra le retendre assez pour pouvoir travailler facilement. Pour cela, comme pour tendre définitivement, on devra ne faire glisser qu'un des montants, l'amener jusqu'à la tension parfaite, sans cependant déchirer l'étoffe, qui doit avoir du reste de la résistance, ayant été bien arrêtée en cousant les sangles. Pour tendre définitivement du haut et du bas, on tirera simultanément sur chaque ficelle, en allant de gauche à droite ou de droite à gauche, sans lâcher la ficelle que l'on vient de serrer; arrivé au dernier œillet, il faut l'arrêter définitivement, en s'assurant que l'étoffe a conservé son droit fil, car, dans le cas contraire, le store étant posé aurait de la peine à monter parfaitement droit.

Pour l'exécution du store, il faut employer les couleurs broyées à l'essence de térébenthine mélangées pour l'exécution avec d'excellent vernis gras séchant bien, — mais en petite quantité pour ne pas faire casser ou coller lorsque l'on roulera le store. Cependant il faut qu'il y ait un peu de brillant, et, en l'employant d'une manière convenable, le travail ne sera pas sujet à pleurer (*selon l'expression employée*).

Il est bien entendu que l'on ne doit se servir que de couleurs transparentes; le blanc de l'étoffe doit seul former les clairs ; le vermillon fait noir au transparent, tous les ocres, et même le noir, ne font pas un ton convenable ; pour obtenir un véritable noir, il faut mélanger du bleu de Prusse et de la terre de Cassel. —On peut d'ailleurs essayer les teintes que l'on veut employer sur un des côtés du store, puisque l'on est toujours obligé d'en prendre un peu plus pour le coudre.

On peut se servir de toutes les terres, excepté la terre d'ombre nouvelle qui n'est pas transparente. Pour le ton foncé ou celui que l'on veut donner au store, c'est par le liquide que l'on éclaircit, en se conformant à ce qui a été dit plus haut pour la manière de détremper les teintes.—Pour les tons d'or, la laque jaune peut seule y arriver, réchauffée, bien entendu, par de la terre de Sienne brûlée ou de la terre de Cassel pour les parties ombrées ; employer cette laque plus ou moins claire, si ce sont des teintes plates, en détrempant la teinte dans un vase ; mais pour les ornements, on a dans de petits godets toutes les couleurs dont on doit se servir, broyées à l'essence ; on a donc un mélange d'essence et de vernis dans un godet affecté à cet usage.—La terre de Sienne nouvelle peut aussi s'employer dans de certains cas.

Dans le motif composant le milieu du panneau, les teintes existent ; il est donc à copier, en se conformant à ce qui a été expliqué pour l'emploi et la composition des couleurs. Pour les roses, il y a la laque carminée, le carmin au besoin, la laque jaune, la terre de Sienne brûlée, l'outremer et la terre de Cassel ;—

pour le vert, il faut éviter de se servir d'un vert composé de blanc, de bleu et de jaune de chrôme, qui n'est d'aucune valeur dans ce genre de peinture ; on peut prendre le vert-de-gris pour les verts frais, il est très-transparent, ainsi que le vert émeraude et le vert Brunswick ; du reste, voir le travail de cette planche pour le mélange de toutes ces couleurs.

Pour les fonds bleus de cette planche, il faut détremper dans un vase de l'outremer mélangé d'une pointe de noir, pour le rendre un peu gris, en ayant soin de ne pas trop mettre de vernis pour pouvoir exécuter le travail qui va suivre et qui demande une explication spéciale.

Ce travail s'exécute de la manière suivante :

Etendre le glacis avec un pinceau assez fort pour pouvoir aller très-vite et éviter les reprises. Quand on a glacé une partie, la frotter avec un chiffon en arrondissant et en roulant la teinte jusqu'à ce qu'elle soit uniforme et sans reprises ni nuance aucune, enfin parfaitement égale. Il faut un autre chiffon plus propre pour passer une seconde fois et achever d'égaliser complétement ; mais, encore une fois, cela doit se faire très-vite, car cette teinte prend vite, et il ne faut pas que l'on voie la moindre reprise ni nuance au transparent. A deux, la réussite n'en est que plus sûre, l'un s'occupant de glacer, l'autre chiffonnant à mesure. On ménagera les parties qui doivent être transparentes, par exemple, les ornements indiqués sur cette planche : le fond passant dessous leur ôterait toute leur valeur ; on aura donc soin de les tracer d'avance avec un crayon, très-légèrement, et de manière à ce que le store étant fini il ne reste aucune trace de ce travail.

Pour le violet des champs, procéder de la même manière que pour les panneaux ; on obtient cette teinte en mélangeant un peu de Van Dyck ou de laque avec une pointe de bleu de Prusse ou d'outremer ; il est bien entendu que lorsque l'on a étendu la teinte, elle est naturellement plus foncée avant d'être chiffonnée qu'après ce travail ; il faut donc l'essayer, pour l'amener au ton, en la réclaircissant ou en la fonçant, selon ce que l'on veut faire, car une fois commencée, il ne serait plus temps d'y revenir. Il faut avoir également soin d'en préparer assez pour tout ce que l'on aura à exécuter, car il est extrêmement difficile d'arriver juste au même ton, dans ce genre de peinture.

Cette explication est applicable à tous les fonds en général ; il faut que les teintes soient broyées extrêmement fines. Dans le cas contraire, les grains, s'écrasant en frottant avec le chiffon, gâteraient la teinte.—Dans les stores qui doivent être exposés à la lumière, que l'on mette la peinture en dedans ou en dehors, tout le travail doit se trouver reproduit des deux côtés par cet effet de lumière. Pour obtenir ce résultat, on exposera autant que possible son métier faisant face au jour, et l'on travaillera en face de ce même jour, ce qui permettra de juger de la valeur et de l'exactitude du travail. On devra, pour éviter les taches, ce qui gâterait tout le travail, incliner le store du haut, assez pour éviter qu'il ne tombe quelques gouttes dessus.

Pour reproduire un dessin quelconque, celui de cette planche ou tout autre, et obtenir une parfaite régularité, il faut plier une feuille de papier en deux ou en quatre, selon ce que l'on veut faire, dessiner le motif sur la moitié ou le quart, et faire ce qui se nomme un poncif; piquer ce dessin avec une aiguille très-fine, en ayant soin de suivre les traits que l'on aura faits le plus serrés possible. Avant de piquer, on mettra le papier exactement plié sur une couverture bien tendue en deux ou trois doubles; après avoir piqué, on ouvrira le papier, et l'on aura la reproduction exacte des deux ou des quatres parties.—Pour les stores, comme on travaille en face du jour, on poncera du côté opposé où l'on travaille, afin que le ponçage ne se mêle pas avec les teintes. Il faut pour cela écraser de la braise bien fine, la mettre dans un morceau d'étoffe de toile ou autre, assez claire pour que la braise écrasée puisse passer, mais sans trop de facilité cependant, de manière à ne pas trop marquer en noir. Lorsque le travail est terminé, on peut l'épousseter; on commence par prendre le milieu perpendiculairement haut et bas, en pointant à chaque extrémité, ou horizontalement, en procédant de la même manière : puis on tringle avec un cordeau très-fin, sur lequel on aura passé la braise. Après quoi, on fera correspondre les quatre traits du poncif fixé bien exactement, en le maintenant de manière à ce qu'il ne puisse se déranger, sans quoi il y aurait confusion de points.

La poncette ayant été passée partout, on retirera le poncif, et l'on aura le dessin exact. — Ceci abrége le travail et est beaucoup plus sûr ; c'est la manière ordinaire de procéder à l'égard des plafonds.

Nous pensons n'avoir rien omis dans notre explication, qui a pour but d'aider de nos conseils les personnes qui voudraient exécuter ce genre de travail.

Nota. Pour les décorations d'intérieurs, voir les planches 7, 9, 10, 12 et 23 de l'Album des peintres décorateurs, représentant des modèles de marbres différents, qui se trouvent décrits dans la première partie du guide, pour les décors en bois les nᵒˢ 4, 5, 6, 18, 19 et 20 de l'*Album des peintres*, qui se trouvent dans la deuxième partie de cet ouvrage.

QUATRIÈME PARTIE

DES LETTRES POUR ENSEIGNES

AVEC FONDS ET TEINTES

Lettres bâtons n° 1.

Les lettres de cette planche sont généralement nommées *lettres Bâtons*. Ce genre de lettres est très-répandu parce qu'il est très-lisible, prend peu de place et est facile à exécuter. Il peut se faire avec ou sans épaisseurs, de tel ou tel ton que l'on juge à propos, mais toujours en harmonie avec le fond qui devra recevoir ces lettres.

On peut faire l'épaisseur en rapport avec le ton de la lettre, ou bien, comme notre modèle, une épaisseur de fantaisie. Cette épaisseur doit être prise du côté

14

du jour; il est bien entendu que les dessous doivent être plus foncés que les côtés de la lettre. Toute lettre formant épaisseur ou rendue saillante doit produire une ombre portée au côté opposé d'où vient le jour.

On peut se rendre compte de cet effet par tel ou tel objet saillant qui produit une ombre, régler son point de départ, sa force, suivant le relief et la place qu'occupe la lettre. L'ombre que l'on fait en peinture doit laisser lire en dessous la teinte du fond : on devra donc faire cette teinte assez liquide pour arriver à ce but, et surtout, quel qu'en soit le ton, la faire toujours très-transparente.

Sur un fond brun, bleu ou vert, par exemple, on se servira de noir; sur une teinte de chêne foncée ou claire, on emploiera la terre d'ombre; sur un fond blanc, de la terre d'ombre mélangée d'un peu de blanc, mais dans ce cas seulement. Il faut toujours bien raisonner l'emploi des couleurs et le placement des ombres.

Quant aux lettres, on devra les proportionner à la place dont on pourra disposer en longueur, en faisant la part de telle ou telle lettre qui peut demander plus ou moins de place, et en raisonnant bien d'après un calcul les distances entre elles : un A, par exemple, ayant ses deux jambages allongés, mettez une lettre droite à côté, un P ou un L; il y aura une grande distance à partir du haut de l'A : c'est donc du pied de la lettre que vous devez distancer. On peut cependant rapprocher un peu, tricher pour ainsi dire, afin de laisser moins de vide sur le haut. S'il se trouve un T, c'est du haut que vous pouvez partir. Il faut du coup d'œil ; les spécialistes, les peintres de lettres font tout cela à première vue, aisément, sans même tracer, mais cela demande une grande habitude.

Nous vous engageons donc à prendre les précautions nécessaires en traçant d'abord les lignes horizontales, après avoir pris le milieu du tableau, puis un premier trait pour le haut de la lettre, un second pour la force, un troisième pour l'épaisseur, si c'est une lettre en relief ; agissez de la même manière pour le bas du tableau, en ménageant avec soin autant de distance dans le haut que dans le bas ; tracez ensuite avec de la craie légèrement les lettres, en pointillant, pour les disposer chacune à sa place. Il est bien entendu qu'il doit exister la même distance à chaque bout du tableau. Si vous arrivez juste, tracez définitivement. Avant de peindre, habituez-vous autant que possible à faire les lettres sans règle ; mais cependant, nous le répétons, cela exige une grande habitude ; d'ailleurs tous les moyens sont bons, pourvu que l'on arrive à un résultat satisfaisant ; il faut surtout que les lettres soient bien d'aplomb et de niveau.

Il se peut que l'on soit appelé à écrire sur du verre, soit en imposte, soit sur une vitrine de devanture. Comme on ne peut tracer sur le verre, on aura un papier de la même largeur que la partie où l'inscription doit entrer, et l'on tracera cette inscription dans les proportions voulues, assez marquée pour être lue à l'extérieur. On fixera, par le moyen de colle ou d'eau, le papier à l'intérieur, et l'on n'aura qu'à suivre à l'extérieur les lettres tracées.

Quand on aura fait le corps de la lettre, on enlèvera le papier devenu inutile pour les épaisseurs et pour l'autre couche que l'on devra donner, une seule ne pouvant suffire pour couvrir dans de certains tons. La personne qui exécute peut du reste se rendre compte des cas où ce travail peut être nécessaire.

Ainsi il faut bien raisonner la place des lettres, les ombres et les parties éclairées, en faisant attention que ces dernières parties, comme tons, soient bien en harmonie avec le ton du corps de la lettre, si l'épaisseur est pareille, ou bien si, comme dans notre modèle, c'est une épaisseur de fantaisie, d'accord pour le brillant avec la première teinte de l'épaisseur.

Toute inscription doit être parfaitement lisible, et l'on obtient ce résultat par les teintes que l'on devra employer pour les lettres sur tel ou tel fond.

Lettres Egyptiennes n° 2.

Nous avons choisi la lettre Egyptienne bronzée pour notre modèle, parce qu'elle est égale dans ses pleins, et qu'elle est par cela même d'un bon effet bronzé. Toutes les lettres en général peuvent recevoir cette teinte qui plait beaucoup et fait bien avec un fond blanc. Sur un fond de chêne neuf, il faut autant que possible des teintes claires pour que les effets de bronzé fassent bon effet. Ainsi donc on commencera par donner aux lettres une première couche préparatoire en vert, un peu plus foncée que la teinte vert-de-gris. Cette première couche étant sèche, on se servira de la première teinte pour coucher le bas de la lettre. Il faut avoir dans un godet une teinte gros vert que l'on placera par-dessus la première, en l'adoucissant avec un pinceau pour la fondre en ménageant la base qui doit rester verte. On doit avoir aussi dans un godet une teinte chaude de ton composée de terre de Sienne brûlée et d'une pointe d'ocre jaune, dont on se servira en procédant de la même manière; enfin, une dernière teinte pour éclairer le haut du corps de la lettre. Cette teinte, qui doit être très-brillante, peut se faire avec de l'ocre jaune, très-peu de blanc, du jaune de chrôme, de la terre de Sienne calcinée et du vermillon, pour faire un ton chaud cuivré, proprement dit. Faites fondre toutes ces teintes, mais en conservant à chacune sa place, sa teinte et sa fraîcheur. Vous aurez pour l'épaisseur une teinte vert-de-gris clair pour le côté éclairé, c'est-à-dire celui où l'on prendra le jour; vous ferez une teinte plus foncée pour les dessous.

Vous arriverez à éclairer définitivement, au moyen d'un vert-de-gris plus clair, teinte généralement composée de blanc de céruse, de bleu de Prusse, de jaune de chrôme et d'un peu d'ocre jaune; cette teinte doit être un peu bleuâtre plutôt que trop verte. Quand nous parlons d'une teinte brillante pour éclairer, nous ne pouvons que laisser à l'intelligence du peintre le

14.

soin de la placer, mais nous pouvons lui recommander d'agir hardiment, afin de donner du relief aux parties de dessous, plus accentuées, par une teinte plus vigoureuse de ton, d'un gros vert dit vert bouteille.

On peut faire, tout à fait dans le bas, un petit filet de vert-de-gris lancé hardiment avec le pinceau. Enfin on peut faire ce genre de lettres n'importe de quelle teinte.

Cette lettre étant en relief, il doit exister nécessairement une ombre portée du côté opposé à celui d'où vient le jour; on peut se rendre compte de l'effet en examinant tel ou tel objet saillant, de manière à pouvoir régler son point de départ et sa force d'après le relief et la place qu'occupe la lettre.

L'ombre devant laisser lire en dessous la teinte du fond, on devra faire la teinte assez liquide pour obtenir ce résultat, et toujours transparente : sur un fond brun, bleu ou vert, par exemple, on se servira de noir; sur un fond chêne foncé ou clair, on emploiera la terre d'ombre ; sur un fond blanc, de la terre d'ombre mélangée d'un peu de blanc, mais dans ce cas seulement. Il faut d'ailleurs toujours bien raisonner l'emploi des couleurs et le placement des ombres.

Pour le placement des lettres, on devra les proportionner à la place dont on peut disposer en longueur. On doit bien se rendre compte que telle ou telle lettre demande plus ou moins de place. Les peintres spéciaux pour ce genre de travail, vu leur grande habitude, font tout cela à première vue, facilement et même sans tracer. Le défaut d'habitude force à prendre les précautions nécessaires qui consistent à tracer les lignes horizontales après avoir pris le milieu du tableau. On trace une première ligne pour le haut de la lettre, une seconde pour la force de la lettre, une troisième pour l'épaisseur, si c'est une lettre en relief. On agit de la même manière pour le bas du tableau. Cela fait donc huit traits ; neuf avec le trait du milieu. On doit avoir la même distance dans le haut que dans le bas du tableau. On trace ensuite légèrement avec de la craie, en pointillant, les lettres chacune à leur place. Cette première opération est pour tâter, pour essayer ; à chaque bout du tableau il doit y avoir la même distance. Quand on est arrivé à cela, on peut tracer définitivement avant de peindre.

Il est bon de s'habituer, autant que possible, à faire les lettres sans le secours de la règle, mais, nous le répétons, il faut pour cela une grande habitude, et d'ailleurs tous les moyens sont bons, pourvu que l'on arrive à un résultat satisfaisant.

Il faut surtout que les lettres soient parfaitement de niveau et d'aplomb. Il peut se faire que l'on soit appelé à écrire sur du verre, soit pour un imposte, soit pour une vitrine de devanture. Comme on ne peut tracer sur le verre, on aura un papier de la largeur de la partie où l'inscription doit entrer, et l'on tracera les lettres convenablement marquées, soit à l'encre, soit avec un crayon tendre, afin que l'on puisse lire à travers le papier, étant fixé par le moyen de colle ou d'eau à l'intérieur ; on n'aura ainsi qu'à suivre à l'extérieur les lettres tracées. Quand on aura fait le corps de la lettre, on enlèvera le papier devenu inutile pour les épaisseurs et pour la seconde couche que l'on devra donner, une seule ne suffisant pas pour couvrir dans de certaines teintes.

Ainsi, il faut bien raisonner le placement des lettres, des ombres et les parties éclairées, en faisant attention que les clairs, comme ton, soient bien d'accord avec le corps de la lettre. Toute inscription doit être très-lisible ; il faut donc donner à la teinte le cachet nécessaire pour l'approprier à tel ou tel fond.

Lettres monstres n° 3.

Le modèle des lettres de cette planche est généralement nommé *lettres Monstres*. Il entre dans la catégorie des lettres de fantaisie ; c'est la lettre Égyptienne, mais arrondie dans ses parties. Nous la donnons d'une teinte grenat, avec épaisseur ton d'or, sur un fond blanc. Ce ton fait très-bon effet sur un fond chêne clair, ou sur tout autre bois de nuance peu foncée, sur un ton de pierre bleu-vert. On peut, si on le juge à propos, faire l'épaisseur pareille à la lettre, ou d'un ton gris. Mais la teinte de notre modèle est, nous croyons, la plus avantageuse. On peut encore faire ce genre de lettres à plat, et, dans ce cas, l'ombre portée dont il va être question, devient inutile. On en fait cependant pour accompagner, mais cela n'est pas naturel, car il n'y a qu'un objet saillant qui puisse former une ombre. Dans tous les cas, il faut proportionner le point

de départ et la force de l'ombre au relief et à la place
qu'occupe la lettre. Cette ombre doit être placée au
côté opposé à celui d'où vient le jour, et être très-
transparente, car on doit pouvoir lire le fond du dessous ; il faut donc que la teinte soit très-liquide.

Pour un fond brun, bleu, vert, et généralement pour
tous les tons foncés, on prendra du noir très-liquide ;
pour les tons de bois de chêne, vieux ou neuf, on
prendra de la terre d'ombre ; pour un fond blanc, on
prendra un peu de terre d'ombre mélangée d'un peu
de blanc de céruse, mais dans ce cas seulement.

Quant au placement des lettres, on devra les proportionner à la place dont on pourra disposer en longueur, en n'oubliant pas qu'il y a telle ou telle lettre
qui demande plus ou moins de place. Il faudra donc
calculer les distances, se rapprocher pour les lettres
qui ont plus ou moins d'écartement dans leur base,
tricher au besoin. Pour cela il faut surtout du coup
d'œil. Les spécialistes, les peintres de lettres font par
leur grande habitude tout cela à première vue, sans
même tracer. Mais quand l'habitude manque, le plus
sage est de prendre ses précautions en traçant d'abord
les lignes horizontales après avoir pris le milieu du
tableau ; on trace une première ligne pour le haut de
la lettre, une seconde pour la force, une autre pour
l'épaisseur, si c'est une lettre en relief ; on agit de
la même manière pour le bas du tableau, ce qui fait
huit traits. On doit avoir la même distance dans le bas
que dans le haut du tableau. Il faut essayer, tâter en
pointillant avec de la craie pour chercher la place que

doivent occuper les lettres, en ménageant à chaque bout du tableau la même distance, et l'on trace définitivement avec la craie avant de peindre.

Il faut, autant que possible, s'habituer à faire les lettres sans le secours de la règle, mais ce n'est que petit à petit, à force d'habitude, que l'on peut arriver à cette facilité. Tant qu'on n'est pas sûr de soi, il faut prendre tous les moyens possibles pour réussir, car les lettres demandent à être parfaitement d'aplomb et de niveau.

On est souvent appelé à écrire sur du verre, en imposte, ou sur toute autre vitrine de devanture. Comme on ne peut tracer sur le verre, il faut prendre un papier de la largeur de la place où doit entrer l'inscription. On trace les lettres assez marquées, soit à l'encre, soit avec un crayon tendre, afin que l'on puisse lire le papier fixé à l'intérieur par le moyen de colle ou d'eau. De cette manière, on n'aura qu'à suivre le tracé à l'extérieur. Quand on aura fait le corps de la lettre, on enlèvera le papier devenu inutile pour l'épaisseur, si la lettre est saillante, et pour l'autre couche, s'il y a lieu, comme cela arrive dans certaines teintes.

Ainsi, il faut bien raisonner le placement des lettres, des ombres et des parties éclairées; il faut que les parties brillantes soient bien d'accord avec le corps de la lettre ou de l'épaisseur, si elle est d'une autre teinte. Pour qu'une inscription soit parfaitement lisible, il faut lui donner le cachet approprié à tel ou tel fond.

Lettres Capitales n° 4.

La lettre blanche, épaisseur ton d'or, est nommée lettre Capitale ou lettre Carrée. Ce genre de lettres est difficile et demande beaucoup de soins pour sa régularité, ainsi que pour la finesse et la netteté des déliés. Elles peuvent servir de lettres majuscules ou être employées toutes ensemble à former des mots, pour une enseigne ou pour toute autre inscription.

Sur le fond bleu de notre planche, ce genre fait très-bien, est parfaitement lisible. On peut cependant les faire sur d'autres fonds, avec ou sans épaisseur, mais toutefois les lettres en relief sont d'un meilleur effet. La lettre blanche ou en ton d'or fait bien du reste ; tous les tons que l'on pourra choisir devront être appropriés au fond de l'enseigne ou du tableau destiné à recevoir l'inscription.

La lettre capitale, quand elle est en relief par une épaisseur, doit avoir son ombre portée sur fond bleu ; on se servira, pour produire cette ombre, de noir employé très-liquide, car on doit pouvoir lire le fond à travers cette ombre ; sur un fond vert, sur un fond brun, en y ajoutant une pointe de blanc de céruse, mais dans ce dernier cas seulement, car autrement cela donnerait un ton sale.

Pour l'emploi et la place des ombres, on peut s'en rendre compte par l'ombre portée d'un objet en relief, ce qui aidera à régler son point de départ, suivant la force de la lettre et la place qu'elle occupe ; ceci est du raisonnement, du coup d'œil. L'ombre. comme on le voit sur notre modèle, doit être plus forte en dessous des lettres.

On devra proportionner la grandeur et la force des lettres à la place dont on peut disposer en largeur. Il ne faut pas oublier qu'il y a des lettres qui demandent plus de place les unes que les autres ; ceci est affaire de calcul, de coup d'œil. Les peintres de lettres de profession, vu leur grande habitude, font toutes ces opérations aisément, à première vue, et ne tracent même pas. A défaut d'habitude, on devra prendre les précautions nécessaires en traçant les lignes horizontales après avoir tracé le milieu du tableau ; on fera pour la lettre capitale un trait pour le haut de la lettre, un autre pour l'épaisseur ; on recommencera cette opération pour le bas du tableau, ce qui fera seulement, compris le milieu, cinq traits ; un seul suffit pour le haut et le bas, et il faut des traits successivement très-fins. Le corps de la lettre étant perpendiculaire, arrangez-vous de manière à ce que toutes les lettres soient bien égales de force et de pleins. Cherchez la place des lettres en traçant légèrement avec de la craie. Quand vous serez arrivé juste, tracez définitivement avant de peindre, afin de marcher hardiment. Habituez-vous, autant que possible, à opérer sans le secours de la règle. Ceci est d'ailleurs un simple conseil, car tous les moyens sont bons, pourvu que l'on arrive à un résultat satisfaisant, et que les lettres soient parfaitement d'aplomb et de niveau.

Il se peut que l'on ait à écrire sur du verre, en imposte, ou bien encore sur la vitrine d'une devanture. Comme on ne peut tracer sur verre, on prendra un papier de la largeur de la partie où l'inscription doit entrer, et on tracera sur ce papier les lettres assez marquées pour être lues ou vues à l'extérieur, puisque ce papier sera collé, soit avec de la colle, soit avec de l'eau, à l'intérieur. On n'aura dès lors qu'à suivre ce que l'on aura tracé. Le corps de la lettre étant fait, on enlèvera le papier devenu inutile pour les épaisseurs, s'il y a lieu, ou pour la seconde couche, si celle employée ne couvre pas assez, ce qui arrive dans certaines teintes.

Ainsi, il faut raisonner le placement des ombres, des lettres et des parties brillantes, qui devront toujours être d'accord comme teinte avec le corps de la lettre, si l'épaisseur est pareille, ou avec la teinte de cette épaisseur, si elle est d'un autre ton. Pour qu'une inscription soit parfaitement lisible, il faut lui donner le cachet approprié à tel ou tel fond.

Lettres Aboulle n° 8.

La lettre de Fantaisie de cette planche est tout à fait gracieuse dans sa forme et très-agréable dans sa teinte; mais avec le ton que nous lui avons donné, il est indispensable que cette lettre soit exécutée sur un fond blanc, gris ou tout autre fond clair.

La personne qui sera appelée à faire ce genre de

lettres devra le faire hardiment, quelle qu'en soit la proportion appropriée à l'inscription dont on sera chargé. Il est bien entendu que l'épaisseur doit être faite après le corps de la lettre, et rehaussée ensuite . par le filet blanc existant sur notre modèle; viennent ensuite les teintes plus accentuées pour les dessous.

Toutes les lettres saillantes doivent, comme tout ce qui est en relief, produire une ombre, portée du côté opposé à celui d'où vient le jour; mais cette ombre doit être transparente : il ne faut pas chercher à couvrir sur un fond gris ou blanc. On se servira de terre d'ombre mélangée avec une pointe de blanc de céruse pour former une teinte douce, et l'on aura soin de proportionner l'ombre à la forme et à la force de la lettre, ainsi qu'à la place qu'elle occupe. Dans ce genre de lettres l'ombre doit reproduire toutes les formes, tous les contours, soit que l'on prenne le jour de côté ou d'en haut.

Quant au placement des lettres, on devra d'abord les proportionner à la place dont on pourra disposer, en n'oubliant pas qu'il y a des lettres qui, par leur forme, tiennent plus ou moins de place. Il faut du coup d'œil et du raisonnement. Les personnes qui ont la spécialité de ce genre de travail font cela à première vue, facilement, sans même tracer, par suite d'une habitude journalière. Il faut, quand on n'est pas dans les mêmes conditions, prendre les précautions nécessaires : on trace d'abord les lignes horizontales après avoir tracé le milieu du tableau; on fait le premier trait pour le haut de la lettre, le second pour la face. C'est le moment de vous faire remarquer que, sur notre planche, les parties en volutes sont moins fortes que le jambage perpendiculaire de la lettre. Tracez un autre trait pour l'épaisseur et recommencez la même opération pour le bas du tableau, en conservant exactement la même distance dans le haut que dans le bas, ainsi qu'à chaque bout.

Tracez légèrement avec la craie en pointillant pour trouver la place de chaque lettre, et, quand vous aurez réussi, tracez définitivement avant de peindre. Habituez-vous petit à petit à faire des lettres sans le secours de la règle; mais cependant, nous le répétons, il faut pour cela une grande habitude. D'ailleurs tous les moyens sont bons dès que l'on arrive à un résultat satisfaisant; le principal est que les lettres soient bien d'aplomb et de niveau, bien proportionnées entre elles dans leur forme. Il faut s'enhardir autant que possible et jouer avec son pinceau. Dans le modèle de notre planche composée de tournants gracieux, cette hardiesse est nécessaire pour ne faire ni roide ni cassé.

Il se pourrait, cela arrive souvent, que vous fussiez appelé à écrire sur du verre, sur un imposte ou sur une vitrerie de devanture. Comme on ne peut tracer sur le verre, il y a un moyen, bien connu certainement, mais que cependant quelques personnes peuvent ignorer. Prenez un papier de la largeur de la partie qui doit contenir l'inscription; tracez les lettres sur ce papier, que vous appliquez au moyen de colle ou d'eau, à l'intérieur, de manière à ce que les lettres soient bien lisibles à l'extérieur; peignez les lettres en suivant le tracé, et, lorsque le corps de la lettre sera fait, enlevez le papier devenu inutile pour l'autre couche s'il y a lieu, ou pour les épaisseurs si ce sont des lettres en relief.

Ainsi il faut bien raisonner le placement des lettres, les lettres, les ombres, les parties éclairées, de manière à ce que les clairs ou brillants soient bien en harmonie avec le ton du corps de la lettre ou de l'épaisseur, si elle est d'un autre ton. Toute inscription doit être parfaitement lisible; il faut pour cela une parfaite harmonie de teintes du fond et des lettres.

Lettres monumentales nº 6.

Les caractères des lettres de cette planche sont fort à la mode. On appelle généralement ce genre *lettres Chinoises*. Comme toutes les lettres, on peut les faire de toutes dimensions, avec ou sans épaisseurs et de tous les tons. Le fond vert donné à cette planche, avec les lettres ton d'or, est d'un heureux et bon effet, et réussit également sur un fond noir, sur un fond brun, enfin sur toutes les teintes foncées.

Les ombres portées doivent être faites à l'opposé du jour que l'on aura adopté; on doit les faire avec du noir employé très-liquide; car une ombre doit être transparente, laisser lire le fond du tableau et repro-duire exactement les formes de la lettre. Il faut proportionner son effet et sa force à la lettre, à la place qu'elle occupe et à son degré d'élévation.

Quant au placement des lettres, on devra les proportionner à la place dont on peut disposer en longueur. On écartera plus ou moins ces lettres, car on sait qu'il y a des lettres qui tiennent plus ou moins de place. C'est affaire de raisonnement et de calcul.

Les peintres de lettres faisant leur spécialité de cette profession exécutent tout cela à première vue, presque sans tracer. Il faut, à défaut d'habitude, prendre les précautions nécessaires en traçant d'abord les lignes horizontales, après avoir pris le milieu du tableau; tirez ensuite un premier trait pour le haut de la lettre, un autre pour l'épaisseur devant faire saillir la lettre; faites la même chose pour le bas en conservant les mêmes distances haut et bas, ainsi qu'à chaque bout; puis tracez légèrement, en pointillant, avec de la craie, pour tâter et chercher la place que chaque lettre doit occuper. Quand vous aurez réussi, tracez définitivement avant de peindre.

Habituez vous, autant que possible, petit à petit, à opérer sans le secours de la règle; mais, nous le répétons, il faut pour cela une grande habitude. Aussi nous donnons ceci comme un simple avis, et nous n'en faisons pas une règle générale. Tous les moyens sont bons dès qu'ils amènent un bon résultat. L'important, c'est que les lettres soient parfaitement de niveau et d'aplomb. Espacez-les autant que possible d'une manière égale, en rapprochant un peu pour les lettres qui, en s'écartant du bas, se trouveraient trop en contact avec une lettre droite placée à côté.

Il peut se faire, et cela arrive souvent, que l'on ait à écrire sur du verre, en imposte ou sur une vitrine de devanture. Comme on ne peut tracer sur le verre, prenez un papier de la longueur de la partie où vous devez écrire ; tracez avec de l'encre ou avec un crayon noir les lettres assez marquées pour être lues à l'extérieur ; puis, au moyen de colle ou d'eau, fixez le papier à l'intérieur. Vous n'aurez plus qu'à suivre le tracé des lettres. Quand vous aurez terminé, enlevez le papier devenu inutile pour la seconde couche et pour l'épaisseur, s'il y a lieu.

En somme, raisonnez toujours bien le placement des lettres, les ombres, les parties éclairées, en faisant attention que ces parties claires soient en rapport parfait avec le ton du corps de la lettre et de l'épaisseur si elle est pareille, ou avec le ton de l'épaisseur si elle est d'un ton différent. Toute inscription doit être très-lisible : il faut pour cela une parfaite harmonie entre les teintes des lettres et celles du fond.

A Monsieur LANDUREAU, Directeur-Gérant

*de l'*Album des Peintres-Décorateurs,

à Paris.

Monsieur,

Je m'empresse de satisfaire à votre désir au sujet de l'article que vous m'avez demandé concernant la peinture décorative appropriée à la vitrerie ; j'ai l'espoir que vos lecteurs en seront contents, je vous donne les procédés les plus usités pour ce genre de travail, et surtout en raccords, soit pour cristaux d'église et de vieux châteaux.

Après bien des essais et des épreuves exécutées par moi-même, voici le procedé qui m'a paru le plus avantageux.

Le verre étant poli et non poreux, il faut avoir les connaissances nécessaires dans le choix et l'emploi

des couleurs, afin de bien composer sa palette. On ne
se servira que de couleurs en laque de première qualité, que l'on préparera avec de l'essence de térébenthine, en lui donnant la consistance des couleurs
à l'huile, étant broyées très-fines ; ensuite on détrempera ces couleurs dans de petits godets séparés avec
du vernis blanc de premier choix.

Ce vernis blanc doit être à base de gomme *damare*,
car tous les autres vernis ne peuvent arriver à sa
blancheur par la raison qu'ils sont faits avec des
gommes dures ou copales. Je m'étends assez longue-
ment sur les vernis, ayant l'habitude de les fabriquer
dans l'exécution de mes travaux, dont je connais
toutes les phases. Ce travail s'exécute par glacis
comme l'aquarelle. Si toutefois on l'attaquait trop
foncé en couleur, il faudrait immédiatement fondre
les teintes avec une brosse imprégnée d'essence de
térébenthine ; il faut faire ce travail avec soin et pré-
cision, car ces couleurs prennent très-vite ; s'il doit
être fait sur du verre dépoli, il faut peindre dans
le dépoli sans craindre de le graisser. Pour arriver à un
bon résultat d'exécution, pour faire des ornements,
sujets d'histoire, fleurs et nature morte, il est urgent
d'avoir un très-bon dessin sur papier qu'on collera sur
le côté qui se trouve poli ; on trace les contours avec
la teinte la plus claire, car on ne peut pas effacer ;
tout ce que l'on a fait doit rester, de sorte que l'on
doit être très-prudent et excessivement propre dans
ce travail. J'engagerai toujours à se servir du verre
dépoli pour ces sortes de travaux et surtout pour la

reproduction des fleurs et ornements genre renaissance.

Ci-joint les couleurs composant la palette :

Bleu de Prusse.
  — outremer.
  — copalt.
Terre de Cassel.
  — Sienne naturelle.
  — brûlée.
  — d'ombre naturelle.
  —   —   brûlée.
Laque jaune.
  — verte.
  — rouge.
  — carminée.
  — violette.
  — carmin.
  — vert-de-gris cristallisé.
  — noir de fumée.

Surtout pas de mélanges avec les blancs puisqu'il faut les conserver ; je recommande de nouveau les laques, ces couleurs étant les plus transparentes et produisant les meilleurs effets.

Agréez, Monsieur, l'hommage de ma considération très-distinguée,

H. BERTRAND.
Peintre-décorateur.

Paris, le 1er juin 1867.

A Monsieur LANDUREAU, Directeur-Gérant

de l'Album des Peintres-Décorateurs,

à Paris.

Monsieur,

Suivant vos désirs, d'après le contenu de votre lettre du 8 courant, je vous adresse un nouveau procédé pour l'exécution parfaite de l'imitation des faux bois et marbres. Ce procédé consiste d'abord par imprimer les boiseries ou panneaux d'une couche de peinture à l'huile détrempée moitié huile et moitié essence. Cette couche devra être comprise de moitié de céruse ; lorsque la couche est bien sèche, passer cinq ou six couleurs de *Filing-Hupp* (couleur anglaise). Cette couleur se prépare de la manière suivante : on broie cinq cents grammes de *Filing-Hupp* à l'essence, cent cinquante grammes de céruse à l'huile, le tout détrempé avec deux cent cinquante à trois cents grammes de vernis, cela tire un peu sous la brosse, mais on se dépêche. Cette couleur ainsi préparée est ingerçable. Lorsque les couleurs sont sèches (et elles sèchent très-vite) il faut reboucher de mastic composé de blanc de céruse noir-léger avec un peu de minium, seulement faire ce mastic un peu foncé, le tout détrempé au vernis. Lorsqu'il est bien sec, on ponce à l'eau et à la pierre ponce jusqu'à ce que cela forme une surface bien unie et ensuite on couche en jaune, rouge ou gris selon le bois ou marbre que l'on a à exécuter. Lors-

qu'on a obtenu un fond convenable pour l'exécution
des bois ou marbres, on exécute le travail par les
procédés déjà connus, mais seulement pour les faux
marbres. Voilà la manière dont j'opère : lorsque mes
marbres sont à peu près terminés, je donne une
couche de vernis que je polis légèrement et alors je
glace mes cailloux, cela leur donne un ton plus fondu
et plus doux, ensuite j'opère comme pour les bois. Je
reviens à l'exécution des bois ; une fois terminée, je
vernis par les procédés ordinaires ; lorsque le vernis
est parfaitement dur, je prends de la ponce broyée à
l'eau ou de la terre pourrie aussi broyée à l'eau ; avec
un chiffon de drap, je polis comme le font les peintres
en voitures et je le lave bien en ayant soin d'essuyer
avec une peau de chamois. Une fois cette opération
terminée je prends de l'huile de lin dans le creux de
la main et je l'étends soigneusement sur la surface
polie. Alors avec un chiffon de drap je frotte pendant
deux ou trois minutes sur le panneau, mais toujours
dans le fil du bois. Lorsque j'ai fait cette opération,
je prends un autre morceau de drap très-sec et je.
frotte jusqu'à ce que le brillant reparaisse un peu. Par
ce moyen, j'obtiens le poli et le brillant d'un bois travaillé par un ébéniste et les faux marbres obtiennent
un poli et une finesse de tons à s'y méprendre.

Ce procédé a plusieurs avantages : le premier consiste à ne pas être trop dispendieux, car une fois exécuté lorsqu'il est un peu terni, il n'est besoin que de
prendre un peu d'huile d'olive et de renouveler l'opération ci-dessus mentionnée. Le second a l'avantage,

si parfois on s'appuie sur les peintures, de ne pas graisser comme le font généralement tous les vernis, et de plus il est bien moins susceptible de se tacher; et le troisième, lorsque les peintures sont en contact avec la trop grande lumière, on ne peut rien voir. Car le brillant abime le travail d'un panneau, et c'est la principale cause qui m'a fait chercher ce procédé qui fait face à tous ces inconvénients.

Voilà, M. le Directeur, un procédé qui je crois pourra servir à bon nombre de vos lecteurs, jaloux comme moi de faire des travaux soignés et irréprochables.

Agréez, Monsieur, mes salutations empressées,

DUCOMPEX,
peintre-décorateur à Aigre (Charente).

PROCÉDÉ POUR LA PEINTURE SUR VERRE

Divers procédés sont employés pour ce genre de peinture; mais la plupart sont très-dispendieux, rapport à l'installation que demande ce travail tout à fait artistique. Voici cependant un procédé fort simple et dont l'exécution est facile.

On commence d'abord par tracer son carton ou esquisse, dessin colorié représentant sur papier la figure ou l'ornementation que l'on doit peindre sur le verre; une fois bien dessiné et très-net, on le pose sur une table bien unie, le sujet en dessus, et on l'applique sur la feuille de verre devant servir à être peinte; le

verre propre à cet usage est le verre dépoli. La grume
de ce verre retient bien mieux la couleur, et par ce
moyen offre plus de résistance contre les injures de
l'air; on appuie donc ce verre, la surface grume en
dessus, avec un fusain ou un crayon à la mine de
plomb; on trace exactement sur le verre le dessin du
carton qu'on voit très-bien par transparence. Cette
première opération achevée, on prend un cadre en
bois de la dimension du tableau à exécuter dans lequel existe une légère feuillure; on prend un peu de
terre glaise ou tout autre mastic assez gros pour retenir le verre, sans cependant le coller à ne pouvoir
l'arracher sans difficulté, et on enduit les feuillures
de ce cadre avec cette préparation; alors on applique
la feuille de verre et on dispose le tout sur un chevalet
qu'on doit placer entre la lumière et l'œil du peintre;
car, devant être vu par transparence, on se rend
mieux compte des effets à produire par la combinaison
des couleurs, et, à la fin de cet article, on trouvera
les couleurs nécessaires à ce genre de travail et leur
emploi.

On commence par coucher à plat chaque ton, en
ayant le soin de les passer au glacis; car il vaut mieux
donner deux ou trois couches que de passer une teinte
trop dure qui enlèverait complétement la transparence
du tableau. Le nombre des glacis varie selon l'effet
qu'on veut obtenir : c'est au peintre à en juger. On
laisse sécher chaque couche, et pour en activer le
séchage, on a une feuille de carton très-fort sur lequel
on place le tableau, et on le dépose dans une étuve

chauffée au moins à 35 degrés. Cette opération sert à durcir la couleur dans un bref délai et empêche la poussière d'y adhérer. On laisse à l'étuve dix à douze heures, on le retire, et on donne un autre glacis jusqu'à ce qu'on ait obtenu le ton qu'on désire.

Pour les chairs, afin d'obtenir une plus belle transparence de teinte et en même temps pour fondre ensemble les ombres et les teintes, on tapote sur le glacis avec le bout du doigt, en ayant soin de le faire assez régulièrement pour qu'à l'œil on ne s'aperçoive pas de l'empreinte que laisse le doigt. On doit avoir le soin de s'essuyer souvent pour que l'opération soit bien nette. Ce moyen empêche les épaisseurs de peinture, et on obtient un fort joli glacis et une transparence irréprochable, surtout dans les ombres; on peut ensuite revenir, lorsque le tout est parfaitement sec, par des hachures, sur les teintes et les demi-teintes.

Pour les draperies en ornementation, les ombres doivent se faire de couleurs très-foncées. Si, par exemple, on veut employer des teintes mélangées, le vert ou tout autre couleur composée, on passera sur la grume du verre une teinte bleue pour faire l'ombre, et sur le côté extérieur un glacis de jaune : cela fera un vert d'une transparence magnifique ; mais ce procédé exige la cuisson des couleurs, et pour cela ne s'emploie guère que pour les teintes vitrifiables. Lorsqu'on a fini de peindre le tableau, on le remet à l'étuve pendant dix à douze heures. Lorsqu'il est parfaitement sec, on peut y donner une couche du composé suivant : eau, 50 parties; borax, 2 parties; laque en écaille, 6 parties. On fait fondre le tout ensemble sur un feu doux, dans un vase de cuivre, en ayant soin de brosser continuellement jusqu'à parfaite dissolution ; puis on laisse refroidir, et on peut l'employer aussitôt, en ayant soin cependant de ménager les blancs qu'on a laissés au verre dépoli. On met le tableau une heure à l'étuve, on le retire, et on lui fait subir aussitôt une température très-fraîche. Ainsi on peut le déposer sur la terre, dans une cave, et la composition devient très-dure ; on peut même mélanger un peu de cette composition dans la peinture que l'on emploie pour accélérer le séchage.

Couleurs propres à être employées dans la peinture sur verre.

Pour les teintes jaunes :
Jaune de Mars.
Jaune Sienne naturelle.
Laque jaune.
Jaune indien.
Styl de grain.

Pour les rouges :
Le carmin.
La laque garance.
Sienne brûlée.

Orangé de Mars.
Violet et pourpre.

Pour les bleues :
L'outre-mer et cobalt.
Bleu anglais.

Pour les vertes :
Vert cobalt.
Le swinfust.

Pour les noires :
Le noir de bougie.

Il faut bien broyer toutes les couleurs à l'huile et les détremper avec de l'huile grasse ; on y ajoute un peu de la composition donnée plus haut pour accélérer le séchage. On ne se servira pour passer les glacis que du pinceau Putois, car les autres sont trop rudes.

Une fois ce tableau terminé, on l'enlève du châssis sur lequel il est apposé, et on l'enchâsse dans un autre disposé à cet effet. **DUCOMPEX.**

ALBUM

DES

PEINTRES DÉCORATEURS

PUBLIÉ PAR

M. LANDUREAU

DIRECTEUR-GÉRANT

4, rue de l'Echiquier, à Paris

Ci-devant boulevard Saint-Martin, 69

———

Monsieur,

J'ai l'honneur de vous donner avis que mon Album des peintres décorateurs est terminé. Il se divise en deux volumes, contenant chacun quinze gravures, avec texte explicatif-exécutif, parfaitement reliés en toile, avec titre riche, au prix de 30 francs le volume au choix, expédié franco dans une caisse faite exprès, afin que le transport ne puisse amener aucune espèce d'avarie. L'envoi n'est payable qu'après réception, par un mandat sur la poste à mon ordre. Ce moyen m'a paru le moins dispendieux, le plus facile et en même temps le plus agréable à tout le monde.

J'ai fait relier l'ouvrage complet en un seul volume
pour les personnes qui le préféreraient, au prix de
60 francs.

En prenant l'ouvrage en entier ou même par moitié,
on profite de la reliure, soit en un, soit en deux volumes.

Je continue toujours à vendre des gravures au détail avec texte à 2 francs pièce au choix et franco
(*même pour une seule*).

J'ai aussi à votre disposition six magnifiques Alphabets d'un nouveau genre avec fonds en couleur,
imitant parfaitement l'enseigne faite, représentant le
genre de lettres le plus utile et le plus nouveau, tous
ces modèles pris sur les nouvelles constructions de la
capitale; car aujourd'hui on ne pose plus une enseigne
simplement pour faire connaître son nom, mais surtout pour l'embellissement de la façade de sa maison
ou de son magasin.

Mes gravures et mes alphabets, qui ont près de
50 centimètres de hauteur sur 35 de largeur, sont expédiés franco même pour un seul exemplaire, dans
un petit étui en carton, de sorte que l'envoi arrive au
destinataire sans être abîmé, plié ni maculé.

Avis essentiel. — Les personnes qui désireraient
prendre l'Album en détail peuvent m'envoyer, chaque
semaine, chaque quinzaine ou chaque mois, la valeur,
par un bon sur la poste, d'une ou de plusieurs gravures à leur choix; elles recevront les gravures de-
mandées avec texte par retour du courrier et sans

16

engagement, de sorte qu'en peu de temps elles se trouveront en possession de l'ouvrage complet.

Toutes ces gravures et alphabets sont en couleur et tirés au chromo, vendus en détail et expédiés franco. Les personnes qui n'aiment pas à écrire directement peuvent s'adresser à MM. les libraires.

Je continuerai à faire paraitre de nouvelles gravures chaque année, reproduisant les principales nouveautés et les changements importants survenus dans la peinture décorative, en commençant par donner des modèles de rosaces, moulures, frises, coins et plafonds, lithographiés, noirs et sans texte, à 1 fr. la pièce.

Le *Guide des peintres décorateurs*, ouvrage dédié spécialement à MM. les peintres en bâtiment, donne plus de soixante genres d'exécution pour l'imitation parfaite des bois, marbres, décors, stores et lettres, tous choisis parmi les plus beaux travaux de Paris. Cette petite brochure est le véritable guide de l'artiste peintre en bâtiment. Prix : 3 fr.; relié, 4 fr.

Par suite d'arrangements avec un artiste peintre praticien, nous pouvons fournir à nos clients des spécimens d'après nature, à l'huile et vernis, faits à la main, avec description pour l'exécution et la manière d'ébaucher et de finir le travail, pour tous les genres de bois et de marbres, avec dispositions nouvelles, au prix de **cinq francs** pièce (expédiés *franco*). Ces modèles sont faits sur du papier fort ayant 40 centimètres de longueur sur 30 de largeur.

La même personne se chargerait aussi de donner des leçons de peinture aux jeunes gens qui se destinent à cette partie.

PLANCHES CONTENUES DANS L'OUVRAGE COMPLET

PLANCHES DU PREMIER VOLUME

Pl. n° 1. Portes de noyer.

2. Grand panneau de palissandre.

3. Grand panneau de chêne neuf.

4. Panneaux de racine de frêne et palissandre.

5. Panneaux racine d'érable, orme et frêne.

6. Décoration pour salon en bois rose et autres.

7. Décoration pour salles à manger en marbres d'Égypte et autres.

8. Panneaux de marbre Napoléon.

9. Vestibule en marbre vert, Campan, Henriette, et porte de bronze.

10. Vestibule en marbre brèche violette, rance, et porte de cèdre.

11. Panneaux de marbre jaune de Sienne et autres.

12. Panneaux de marbre Sérancolin, vert Campan avec sujet.

13. Très-joli plafond Renaissance.

14. Magnifique store, genre Louis XVI.

15. Grand panneau d'acajou à gerbes et moucheté.

16. Grand panneau de citron à gerbes.
17. Beau décor (genre Bérain).
18. Panneaux de bois rose, palissandre, vieux noyer et autres.
19. Panneaux de sapin de Riga.
20. Panneaux formant portes, en vieux chêne, avec médaillons et sujet.
21. Grand panneau de racine d'orme et autres.
22. Vestibule de marbre brèche violette par assises et portor.
23. Panneaux de marbre Sérancolin et autres avec sujet.
24. Grand panneau de marbre agate et jaune de Sienne.
25. Panneaux jaune de Sienne fort et vert de mer.
26. Compartiment de marbre brèche violette. vert de mer et jaune de Sienne.
27. Grand panneau de marbre vert d'Égypte et Napoléon clair.
28. Plafond à deux teintes, ayant été exécuté par M. Petit, à la mairie de Caen (Calvados).
29. Très-beau store, paysage avec sujet, genre Watteau.
30. Décoration pour salon, en peinture et sculpture, genre Louis XV.

ALPHABETS

Pl. n° 1. Lettres bâtons.
    2.   »   égyptiennes.
    3.   »   monstres.
    4.   »   capitales.
    5.   »   Aboulle.
    6.   »   monumentales.

Les 6 genres de lettres réunis pris au bureau, brochés, 12 francs, reliés sembables à l'Album, 14 francs (expédiés à domicile, compris la caisse et l'affranchissement pour toute la France, 16 francs). Cet ouvrage étant relié n'est pas accepté par la direction des postes à cause de la grandeur de son format.

Nous nous chargeons aussi, et sans augmentation de prix, pour le compte des personnes qui voudront bien nous en faire la demande, de leur expédier toutes les gravures, desssins, albums, et en général tout ce qui se rattache à la peinture décorative, ainsi que les gravures de la diaphanie, représentant des sujets religieux, au prix de 6 fr. la planche, et celles de la décalcomanie représentant des trophées et attributs, en noir ou en couleur.

Nous avons aussi à notre bureau, à la disposition de nos clients, les prix de main-d'œuvre et de revient de la ville de Paris, établis par MM. les architectes de l'administration au prix de 5 francs. Cet ouvrage traite également de la peinture, de la vitrerie, de la dorure, du décor et de l'ornementation.

16.

Afin d'éviter toute espèce de correspondance et de frais inutiles, on trouve toutes ces gravures et albums aux adresses ci-dessous :

A Lyon, chez MM. DUSERRE fils et MONNE-RET, place des Terreaux, 25.

A Marseille, chez M. BELLEVAUT, rue Sé-nac, 24.

A Bordeaux, chez Mme veuve BISSÉRIÉ-PAS-CAL, fossés de l'Intendance, 51.

A TOULOUSE, chez MM. RIGAL, négociants, rue Saint-Antoine-du-T., 13.

A Bruxelles, chez M. JACOBOWICZ, rue des Boiteux, 25, ancienne maison Landureau. (Le texte est imprimé en français ou en flamand, sans augmentation de prix.)

Dans l'espoir, Monsieur, de vous être agréable et de pouvoir entrer en relations avec vous,

Veuillez agréer mes salutations empressées,

LANDUREAU,
directeur-gérant.

———

AVIS IMPORTANT

Désirant nous rendre utile autant que possible à tous nos lecteurs, dans leur profession, nous nous chargeons très-volontiers de leur procurer auprès des principaux fabricants de la capitale tous les articles ci-dessous mentionnés aux mêmes prix qu'à Paris.

Nous prions les personnes qui voudraient bien nous honorer de quelques demandes, de bien préciser le genre et le prix des articles dont elles auront besoin, afin d'éviter une correspondance inutile, et ne pas retarder l'envoi. Toutes ces marchandises seront expédiées contre remboursement et aux frais des demandeurs.

Baguettes dorées et palissandre.
Bitume de Judée.
Blanc de Meudon, Bougival et d'Espagne.
Bleu de Prusse et de Berlin.
Boîtes de mathématiques.
Bronze en poudre de toutes couleurs.
Brosses à épousseter, à peindre, à filer, et de Paris.
Camions à l'usage des peintres.
Céruse.
Ciment.
Cire jaune et blanche.

Colle à l'usage des peintres.
Couleurs en tubes assorties.
Couteaux à palette, à mastiquer et à enduire.
Crayons Conté de toutes couleurs à l'usage des décorateurs de bois et marbres.
Décors d'ornements en pâte et en carton pierre.
Diamants pour vitrier.
Eau de cuivre et eau seconde.
Echelles en tous genres.
Enduit minium.
Eponges de toutes qualités.
Essences assorties.

Feuilles d'étain contre l'humidité.
Gommes assorties.
Goudron.
Huile de lin et autres.
Indigos.
Jaune de chrôme.
Jaune de Sienne.
Lampes à brûler à l'esprit de vin.
Laques assorties.
Lettres en zinc, cuivre et tôle pour enseignes.
Litharge.
Mastic.
Minium de plomb.
Mixtion pour l'emploi de l'or.
Noirs assortis.
Ocres de toutes couleurs.
Or en feuille fin.
Or G. D. d'Allemagne.
Palettes à l'usage des peintres.
Papiers peints assortis.
Papiers goudronnés.

Papier de verre.
Peau de chamois.
Pierre ponce
Pinceaux assortis.
Plâtre.
Règles à filer.
Savon gras.
Siccatif brillant et zumatique.
Stores transparents sur étoffe avec monture.
Terre de Cassel.
Terre d'ombre naturelle et brûlée.
Terre de Sienne naturelle et brûlée.
Vermillon.
Vernis à l'esprit de vin, anglais, copal et blancs.
Verres à vitres.
Verres gravés et de couleur.
Vert en poudre de toutes couleurs.
Vitriol.
Vitraux peints.

TABLE DES MATIÈRES

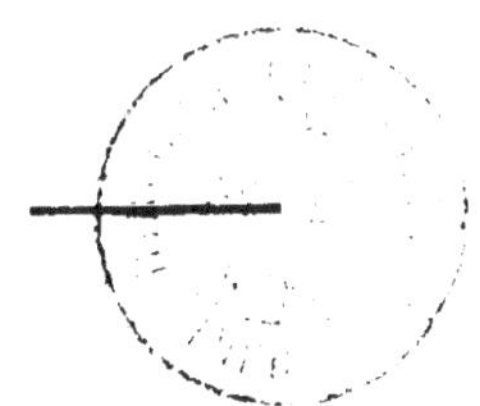

PREMIÈRE PARTIE

Les Marbres

DEUXIÈME PARTIE

Les ois

TROISIÈME PARTIE

Les Décors

QUATRIÈME PARTIE

Lettres pour enseignes

Paris. — Typ. L. Guérin, rue du Petit-Carreau, 26

OUVRAGES COMPLETS

Planches du premier volume.

Pl. n° 1. Portes de noyer.
2. Grand panneau de palissandre.
3. Grand panneau de chêne neuf.
4. Panneaux de racine de frêne et palissandre.
5. Panneaux racine d'érable, orme et frêne.
6. Décoration pour salon en bois rose et autres.
7. Décoration pour salles à manger en marbre d'Egypte et autres.
8. Panneaux de marbre Napoléon
9. Vestibule en marbre vert, Campan, Henriette, et porte de bronze.
10. Vestibule en marbre brèche violette, rance et porte de cèdre.
11. Panneaux de marbre jaune de Sienne et autres.
12. Panneaux de marbre Sérancolin, vert Campan avec sujet.
13. Très-joli plafond à la Renaissance.
14. Magnifique store, genre L. XVI
15. Grand panneau d'acajou à gerbes et moucheté.
16. Grand panneau de citron à gerbes.
17. Beau décor (genre Bérain).

Planches du second volume.

Pl. n° 18. Panneaux de bois rose, palissandre, vieux noyer et autres.
19. Panneaux de sapin de Riga.
20. Panneaux formant portes en vieux chêne, avec médaillons et sujet.
21. Grand panneau de racine d'orme et autres.
22. Vestibule de marbre, brèche violette par assises et portor.
23. Panneaux de marbre Sérancolin et autres avec sujet.
24. Grand panneau de marbre agate, et jaune de Sienne.
25. Panneaux jaune de Sienne fort et vert de mer.
26. Compartiment de marbre brèche violette, vert de mer et jaune de Sienne.
27. Grand panneau de marbre vert d'Egypte et Napoléon clair.
28. Plafond à deux teintes, ayant été exécuté par M. Petit à la mairie de Caen (Calvados)
29. Très-beau store, paysage avec sujet, genre Watteau.
30. Décoration pour salon, en peinture et sculpture dorée, genre Louis XV.

Soit en un ou deux volumes reliés, prix........... 60 fr.

ALPHABETS

Pl. n° 1. Lettres bâtons.
2. — égyptiennes.
3. — monstres.

Pl. n° 4. Lettres capitales.
5. — Aboulle.
6. — monumentales.

Les six genres de lettres et chiffres réunis pris au bureau, brochés, 12 fr.; reliés semblables à l'Album, 14 fr.; expédiés à domicile, compris la caisse et l'affranchissement pour toute la France, 16 fr. Cet ouvrage étant relié n'est pas accepté par la direction des postes pour cause de la grandeur de son format.

Le Guide des peintres décorateurs, ouvrage spécial à l'usage de MM. les peintres en bâtiment, ayant près de 300 pages contenant plus de 60 descriptions pour l'exécution des bois, marbres, décors et lettres, broché, 3 fr.; relié, 4 .

Paris. — Typ. L. Guérin, 26, rue du Petit-Carreau.